1644

FACULTÉ DE DROIT DE TOULOUSE

DE LA CONDITION
DU MINEUR DE VINGT-CINQ ANS
EN DROIT ROMAIN

ET

DU MINEUR ÉMANCIPÉ
EN DROIT FRANÇAIS

THÈSE POUR LE DOCTORAT

SOUTENUE

Par M. Paul FONTANIÉ

AVOCAT

TOULOUSE
IMPRIMERIE CREYSSAC ET TARDIEU
1, RUE DE MAY, 1

1880

DÉPÔT LÉGAL

N° 231

1880

FACULTÉ DE DROIT DE TOULOUSE

DE LA CONDITION

DU MINEUR DE VINGT-CINQ ANS

EN DROIT ROMAIN

ET

DU MINEUR ÉMANCIPÉ

EN DROIT FRANÇAIS

THÈSE POUR LE DOCTORAT

SOUTENUE

Par M. Paul FONTANIÉ

AVOCAT

TOULOUSE

IMPRIMERIE CREYSSAC ET TARDIEU

1, RUE DE MAY, 1

1880

8° F
1644.

FACULTÉ DE DROIT DE TOULOUSE

MM.

BONFILS, doyen, professeur de procédure civile.

DUFOUR ✳, professeur de Droit Commercial.

MOLINIER ✳, Professeur de Droit criminel.

BRESSOLLES ✳, Professeur de Droit civil.

MASSOL ✳, Professeur de Droit romain.

GINOUILHIAC, Professeur de Droit français, étudié dans ses origines féodales et coutumières.

HUC, Professeur de Droit civil.

POUBELLE, Professeur de Droit civil, en congé.

ROZY, Professeur de Droit administratif.

ARNAULT, Professeur d'Économie politique.

DELOUME, Professeur de Droit romain.

HUMBERT, Professeur honoraire, Procureur-Général près la Cour des Comptes.

LAURENS, agrégé, chargé du cours de Droit des gens.

PAGET, agrégé, chargé du cours de Droit romain.

CAMPISTRON, agrégé, chargé du cours de Droit civil.

BRESSOLLES (Joseph), agrégé.

VIDAL, agrégé.

WALLON, agrégé.

M. MOUSSU, secrétaire, agent comptable.

Président de la Thèse : M. GINOUILHIAC

Suffragants : MM. G. BRESSOLLES.
DELOUME.
LAURENS.
WALLON.

La Faculté n'entend approuver ni désapprouver les opinions particulières du Candidat.

MEIS ET AMICIS

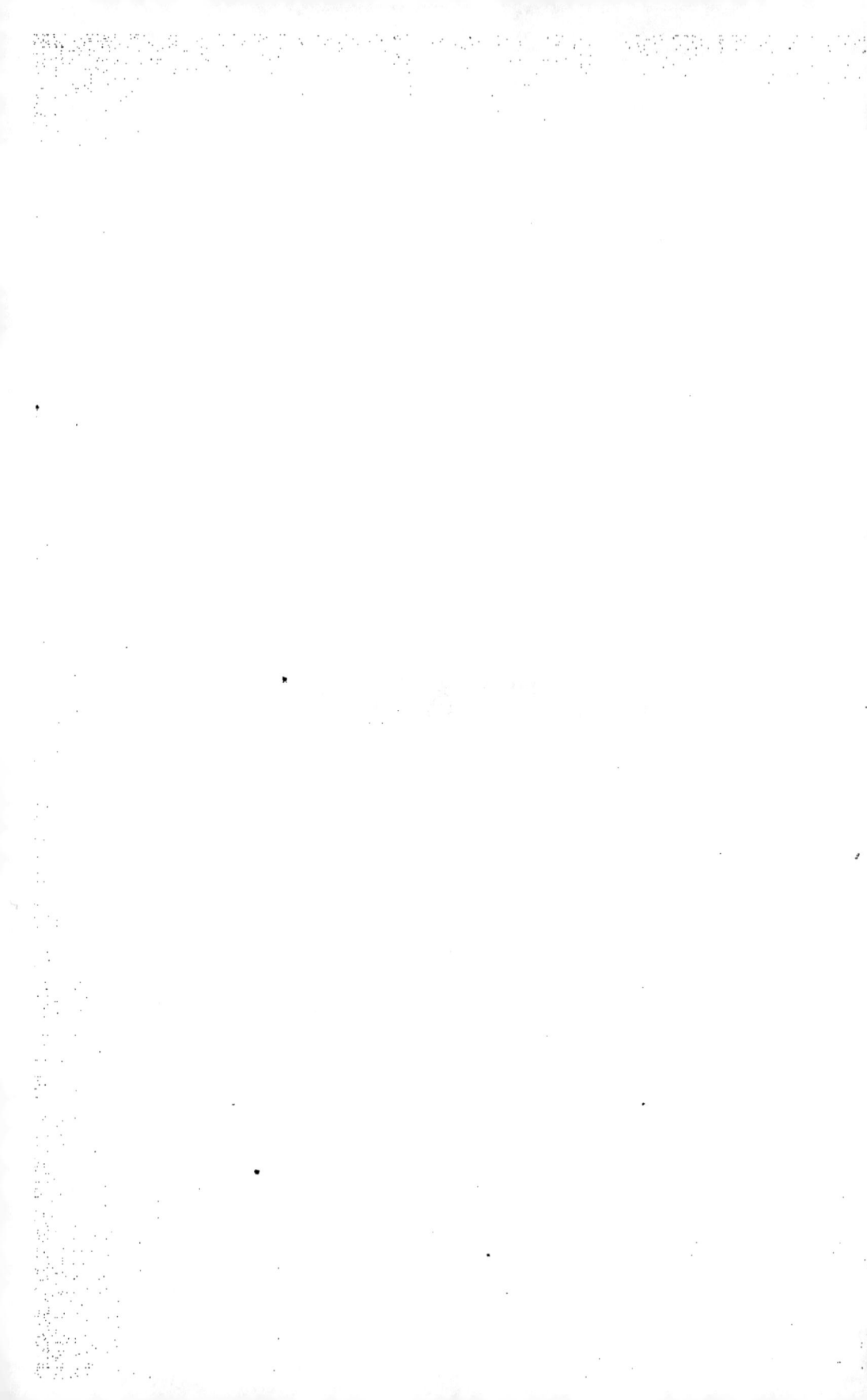

INTRODUCTION

D'après les principes rigoureux du vieux droit
quiritaire, les personnes étaient divisées en deux
classes bien distinctes : 1° les personnes capables;
2° les personnes tout à fait incapables. La première
comprenait tous les hommes qui avaient atteint l'âge
de puberté; la deuxième comprenait les femmes
qui étaient dans un état de dépendance perpétuelle,
les impubères qui étaient en tutelle, le fou et le prodigue que la loi des Douze-Tables plaçait sous la
curatelle de leurs agnats.

Mais bientôt ce système devint tout à fait insuffi-
sant et l'on comprit que pour régler la capacité des
personnes, la force physique n'était pas seule à considérer et que certains individus, ceux, par exemple,
qui venaient d'atteindre l'âge de puberté, n'avaient
pas l'intelligence assez formée pour faire tous les
actes de la vie civile. La loi des Douze-Tables, en

effet, n'ayant établie la curatelle que pour le prodigue et le fou, avait complètement négligé cette situation si délicate et si intéressante du mineur qui sort de
tutelle et dont la personnalité va se manifester désormais et se produire dans les différents actes de la
vie civile. Livré de trop bonne heure aux capri-
ces de sa volonté, l'enfant se trouvait dépourvu
de toute espèce d'appui moral et de direction sûre
au moment où ces garanties lui devenaient le plus
nécessaires.

On reconnut bientôt que cette liberté absolue était
dangereuse ; elle entraînait des conséquences trop
graves pour qu'on ne jugeât pas prudent de la
réglementer. A mesure que se firent sentir les progrès dans le domaine de la législation, cette situation
si désavantageuse pour l'enfant se modifia. Une *loi
Plætoria* survint qui fixa, quant à l'âge, une délimi-
tation nouvelle, en distinguant parmi les pubères
ceux qui n'avaient pas atteint l'âge de vingt-cinq
ans, *adulti, adolescentes*, et ceux qui avaient atteint
cet âge, *perfecta ætas*. La présomption qui attribuait
à tous les pubères une suffisante intelligence des
affaires était peu en harmonie avec la réalité des
faits.

Plus tard, la législation prétorienne établit encore un nouvel état de choses en accordant au mineur de vingt-cinq ans le secours de la *restitutio in integrum*. Ses effets tendirent à une conciliation entre la loi ancienne et l'équité. Cette tâche, entreprise d'abord par des moyens détournés et timides, fut réalisée dans la suite avec plus de fermeté et finit même par devenir plus nuisible qu'utile. Aussi la législation impériale, trouvant trop sévères et trop rigoureuses les applications de ce bénéfice extraordinaire qui avait dépassé le but fixé par le préteur, modifia encore la capacité du mineur de vingt-cinq ans. Cette capacité, modifiée à mesure que les progrès des mœurs faisaient subir au droit des évolutions plus conformes à la nature des choses, arriva à une réglementation plus équitable et plus rationnelle.

Nous diviserons l'étude de la condition juridique du mineur de vingt-cinq ans en trois parties :

Dans la première, nous examinerons ce qu'elle était dans l'ancien droit, sous l'empire de la *loi Plœtoria*.

Dans la deuxième, nous verrons quelle fut l'influence du préteur en cette matière, et comment fonctionnait la *restitutio in integrum* ;

Dans la troisième, enfin, nous étudierons la capacité du mineur sous l'empire des constitutions impériales.

Il sera ainsi facile de voir qu'en cette matière comme dans toutes les branches du droit, le progrès fut l'œuvre du temps secondé par les exigences sociales. Nous avons pensé qu'une étude sur la capacité du mineur de vingt-cinq ans en droit romain ne devait pas être complètement dépourvue d'intérêt. Puisse-t-elle n'être pas trop au-dessous des efforts que nous avons faits pour la rendre digne de la bienveillance de nos savants maîtres.

DROIT ROMAIN

DE LA CONDITION DU MINEUR DE VINGT-CINQ ANS

(Digeste, liv. IV, tit. IV. — Code, liv. II, tit. XX à LV.)

PREMIÈRE PARTIE

ANCIEN DROIT. — LOI PLÆTORIA

Cette loi est mentionnée dans les textes qui en parlent, sous différentes désignations. Ils l'appellent tantôt *lex Lætoria*, tantôt *lex Lectoria*, tantôt enfin *lex Plætoria*. Heineccius soutient que son véritable nom était Lætoria, et qu'elle était ainsi nommée parce qu'elle fut portée par le tribun Lætorius Plancianus, à la fin du cinquième siècle. Son nom véritable se trouve mentionné dans les tables d'Héraclée, découvertes en 1732 dans le golfe de Tarente. Ce document l'a désigné sous le nom de *lex Plætoria*. Par son origine entièrement romaine, ce document mérite crédit, et en conséquence c'est sous cette dénomination que nous désignons cette loi.

La loi Plætoria introduisit une distinction jusqu'alors inconnue en matière de minorité. Elle distingua les mineurs de vingt-cinq ans et les majeurs du même âge. Malheureusement, elle n'est pas arrivée jusqu'à nous dans son intégrité ; nous n'en avons que des fragments (1). Nous nous bornerons à étudier successivement les quatre points suivants :

1° Age fixé par la loi Plætoria ;

2° Curateur nommé en vertu de la loi Plætoria.

3° Portée de la défense de stipuler faite au mineur de vingt-cinq ans;

4° Sanction de cette loi.

I

Et d'abord, quel était l'âge fixé par la loi Plætoria ? Cette loi fixait à vingt-cinq ans l'âge auquel le pubère jouissait de sa pleine capacité. C'est la fixation

---

(1) Cependant Jérôme Hetzer, de Leipsik, a essayé d'en reconstituer le texte. C'est à la dissertation insérée par lui dans la *Jurisprudentia antiqua*, de Fallemberg, que nous empruntons les divers chapitres qui la composent.

CAPUT I. *Annus XXV completus minoris ætatis terminus esto.*

CAPUT II. *Minoribus viginti quinque annis petentibus, causâ cognitâ, curatores dentor.*

CAPUT III. *Creditori adversus minorem viginti quinque annis actio ne detor.*

CAPUT IV. *Minori viginti quinque annis stipulari ne liceto.*

CAPUT V. *Minores viginti quinque annis in quodcumque contractu, dolo malo læsi, contra circumscriptionem in integrum restituantur.*

de cette époque qui fit donner par Plaute à cette loi le nom de *lex quinavicenaria* (1). Désormais, l'âge de vingt-cinq ans s'appellera *legitima, perfecta ætas.* Cette expression *perfecta ætas* semble ressortir de ces mots d'Ulpien: « *post hoc tempus compleri virilem ætatem constat.* » (2)

D'après la citation du passage de Plaute que nous venons d'indiquer, on comprend combien devait être fâcheuse la situation des mineurs et celle des personnes qui, craignant de s'exposer au *judicium publicum* (3), refusaient de traiter avec eux.

Pour porter remède à cet état de choses, la loi Plætoria autorisa, prescrivit même au mineur de se faire nommer un curateur spécial toutes les fois qu'il aurait à contracter un engagement productif d'obligations. De cette façon et avec cette nouvelle garantie, la pleine validité de l'acte était assurée aux tiers qui contractaient avec le mineur.

Cette considération nous emmène tout naturellement à parler des curateurs nommés en vertu de la loi Plætoria.

(1) « *Lex me perdit quinaticenaria,* dit un dissipateur, *metuunt credere omnes* ». « *Eadem mihi est lex,* répond l'interlocuteur, *metuo credere* ». Plaute, *Pseudolus,* acte I, scène III.

(2) Loi 1 § 2 *in fine.* IV. IV. Dig.

(3) Nous verrons plus loin en quoi consistait le *judicium publicum.*

II

Sur cette seconde disposition, on s'est demandé à quelles personnes la loi Plætoria pouvait nommer des curateurs : question importante à laquelle il serait assez difficile de répondre si nous ne nous reportions auparavant à l'examen des différentes curatelles antérieures à la loi Plætoria.

Tenant à créer un pouvoir de protection non pas tant dans l'intérêt de l'incapable que du protecteur, la loi des Douze-Tables imposait aux fous et aux prodigues la curatelle de leurs agnats. Peu importe la question de savoir si les dispositions relatives aux fous et aux prodigues avaient été établies par une seule loi ou par des lois différentes : c'est une controverse dont l'utilité pratique ne nous paraît pas très grande. Quoiqu'il en soit, d'ailleurs, nous savons que ces différentes curatelles existaient.

Suivant l'opinion la plus répandue, les dispositions de la loi des Douze-Tables ne s'appliquaient qu'aux fous et aux prodigues qui étaient venus *ab intestat* à la succession de leur mère, et non aux mineurs ingénus qui dissipaient les biens qu'ils avaient reçus *ex testamento* de leurs parents, ni même aux affranchis, puisqu'ils ne succédaient jamais à leurs parents, la *cognatio servilis* ne créant point de lien civil, et, comme conséquence, point de droit de succession.

Cette lacune était regrettable ; le préteur la combla

en permettant de donner un curateur à ces différentes classes de mineurs que la loi des Douze-Tables avait passées sous silence. Telle était la situation antérieure; elle devait subsister jusqu'à l'époque où fut portée la loi Plætoria.

Si nous nous demandons maintenant à quelles personnes cette loi nommait des curateurs, nous nous trouvons en présence d'une controverse trop importante pour que nous ne nous en occupions point. Elle repose sur un texte de Julius Capitolinus diversement interprété par les jurisconsultes. Etudions-le: « *De curatoribus vero, dit-il, cum ante non nisi ex lege Plætoria vel propter lasciviam, vel propter dementiam darentur, ita statuit ut omnes adulti curatores acciperent, non redditis causis.* »

C'est Heinneccius (1) qui nous donne l'interprétation de ce texte. Elle est, aujourd'hui, généralement adoptée. « Autrefois, on ne nommait de curateur que dans trois cas, en vertu de la loi Plætoria, pour cause de prodigalité ou pour cause de folie. Mais Marc-Aurèle décida que dorénavant tous les mineurs de vingt-cinq ans pourraient se faire nommer des curateurs, sans avoir à justifier de motifs. M. Demangeat (2) apporte à cette interprétation l'autorité de son talent, lorsqu'il dit: « Tous les mineurs de vingt-cinq ans pourront recevoir des curateurs, lors même qu'ils ne se disposeraient pas à contracter, et qu'il ne

(1) *Heinneccius.* — *Suntagma antiquitatis romanæ*, p. 200.
(2) *Demangeat.* Cours de Droit romain, p. 389.

s'agirait pas de rendre la loi Plætoria inaplicable. »

Ritter (1) conteste cette interprétation et prétend que la loi des Douze-Tables ne donne de curateur qu'aux fous et aux prodigues qui ont succédé *ab intestat* à leurs parents, tandis que la loi Plætoria n'aurait été édictée que dans le but de donner des curateurs aux fous et aux prodigues qui avaient succédé *ex testamento* à leurs parents. Mais Ulpien (2) dément cette interprétation quand il dit : « *A prætore constituitur curator* » et non *ex lege antiquâ*, expression que ce jurisconsulte n'aurait pas manqué d'employer si cette extension de la curatelle avait été l'œuvre de la loi Plætoria. Il est donc certain que la situation des fous et des prodigues, quel qu'eût été le genre de succession, était réglée à une époque antérieure à la loi Plætoria, et que cette dernière a eu pour but de faire nommer des curateurs à une classe d'individus qui en était dépourvue, c'est-à-dire aux mineurs de vingt-cinq ans.

III

Le mineur de vingt-cinq ans ne pouvait point stipuler : « *Lætoria quæ vetat minorem viginti quinque annis stipulari,* » dit Suétone. Mais quelle était l'étendue de cette prohibition ? S'étendait-elle à toute espèce de contrats ou bien l'avait-on restreinte à certains actes particuliers ? Quelques auteurs ont pensé que

(1) Ritter. Ad. *Histor. Juris romani Heinecci,* note sur le § 99.
(2) Reg. lit. XII, § 3.

cette prohibition avait surtout en vue le *mutuum*.
On est même allé plus loin, et l'on a prétendu que
le sénatu-sconsulte Macédonien rendu sous le règne
de Claude n'était que la reproduction de ce chapitre de la loi Plætoria et la citation des vers de
Plaute que nous avons reproduite plus haut semble
confirmer cette assertion : « *metuunt credere* (1).

IV

Voyons maintenant la sanction des dispositions
précédentes. Cette question doit être envisagée au
point de vue de la peine qui frappait le tiers lorsqu'il
avait abusé de l'inexpérience du mineur de vingt-
cinq ans, et aussi au point de vue du sort réservé à
l'acte fait par le mineur contrairement à la loi Plætoria.

I. — Et d'abord quelle était la peine infligée au
tiers qui, abusant de l'inexpérience du mineur, avait
traité frauduleusement avec lui ? Celui qui avait
abusé de la simplicité du mineur de vingt-cinq ans
était exposé au *judicium publicum rei privatæ* (2).
C'était une action criminelle ouverte à tous ; elle
pouvait être intentée par le premier venu *(quivis e
populo)*. Ce pouvoir accordé ainsi à tous constituait
une exception remarquable à la règle générale en

(1) *Le mutuum* s'appelle très souvent *creditum*. Loi 2, § 1, De
Rebus creditis et loi 15 et 19 *hoc tit. Accarias*, tome II, page 391.

(2) C'est le nom que lui donne Cicéron.

matière de *judicia publica*, où l'on ne permettait au premier venu d'intenter une action que quand l'intérêt public était en jeu. En cette matière, au contraire, un simple intérêt privé donnait lieu à une action publique. C'est ce que nous dit fort bien Cicéron dans deux fragments, tirés l'un du *de Officiis* (1), l'autre de son traité *de Natura Deorum* (2). Le premier fragment s'exprime ainsi : « *Quod si aquiliana definitio vera est, ex omni vita simulatio tollenda est : ita nec ut emat melius, nec ut vendat quidquam simulabit vir bonus. Atque iste dolus malus etiam legibus erat vindicatus, ut tutela XII Tabularum, et circumscriptio adolescentium lege iœtoria.* » Le second fragment s'exprime en ces termes : « *Inde tot judicia de fide malâ, tutelœ, mandati, pro socio, fiduciœ, etc., inde judicium publicum rei privatœ lege Lœtoria.* »

Cette action criminelle frappait le condamné d'une amende et entraînait pour lui l'infamie. Les tables d'Héraclée nous donnent une longue liste des personnes incapables de figurer dans l'*ordo*, ou corps de décurions, et, par conséquent, inéligibles aux dignités municipales. Or, parmi ces personnes figurent celles qui, comme le dit le chapitre VIII, « *lege Lœtoria ob eam rem quod adversus eam legem fecerint, condemnati erunt* ». Cette exclusion était une conséquence de l'infamie. On comprend dès lors combien il était dangereux pour un citoyen romain de s'exposer à une aussi rigoureuse pénalité, en con-

(1) *De Off.*, lib. III, cap. xv.
(2) *De Nat. Deorum*, lib. III, cap. xxx.

tractant avec un mineur de vingt-cinq ans, au mépris de la défense qui lui était faite.

II. — Quant à l'acte fait par le mineur contrairement à la loi Plætoria, quel en était le sort? A cette question, un texte de Paul (1) semble nous répondre d'une manière formelle. Ce contrat est annulé dans l'intérêt du mineur trompé, *circumscriptus*, qui en pourra opposer la nullité sous forme d'une exception dite *exceptio legis Plætoriæ* (2).

Mais reste encore la question de savoir si le mineur, qui avait une exception pour repousser la demande du créancier, pouvait agir directement par voie d'action pour faire annuler l'acte qui lui était préjudiciable. Heineccius et Jérôme Hetzer pensaient que la loi Plætoria ouvrait au mineur la voie de la *restitutio in integrum*. Nous croyons cette opinion tout à fait erronée pour deux motifs : le premier, c'est que la *restitutio in integrum* a toujours passé pour une institution essentiellement prétorienne : elle a reçu différents noms; elle s'est appelée tantôt *extraordinarium auxilium*, tantôt *ultimum subsidium*. Or, il serait difficile d'admettre qu'on ait pu lui donner ces noms, si le principe de cette institution avait été posé et consacré par une loi. Jérôme Hetzer, qui défend l'opinion d'Heineccius, oppose bien à la doc-

(1) Loi 7, § 1 D. *de Except.* XLIV, I.

(2) Cette exception n'eut plus sa raison d'être, c'est-à-dire rentra dans le droit commun, lorsque le préteur Aquilius Gallus, contemporain de Cicéron, eut introduit et fait admettre l'exception de dol.

2

trine que nous soutenons les deux paragraphes tirés
de Cicéron que nous avons cités plus haut. Mais il
est bien difficile de croire que l'on puisse inférer
quelque chose de ces deux textes; rien n'y éveille,
en effet, l'idée d'une *restitutio in integrum*.

Et, d'ailleurs, à ne considérer que les dispositions
de la loi Plætoria elle-même, nous voyons que si elle
défendait au mineur de faire certains actes, et si ces
actes étaient faits, ils pouvaient bien engendrer une
obligation naturelle, mais jamais une obligation
civile. Or, quelle pourrait bien être l'utilité d'application de la *restitutio in integrum*, là où il n'existe
pas d'obligation civile, de lien civil qui doit être sa
raison d'être? et que penser d'une institution qui
serait ainsi réduite à l'état de lettre-morte, par suite
de l'impossibilité de son application ?

Mais le mineur, ajoute-t-on, devait avoir au moins
une *condictio indebiti*. Pas davantage; une pareille
action ne pouvait pas être exercée; par le seul fait
que le mineur avait réalisé l'acte, il se trouvait obligé
naturellement. Or, a-t-on payé l'indû quand on n'a
fait qu'acquitter une obligation naturelle? et le
mineur qui paie peut-il, après le paiement, se retour-
ner contre celui qui l'a reçu et soutenir que rien ne
lui était dû? Il est donc difficile d'admettre que le
mineur de vingt-cinq ans ait eu, à l'origine, d'autre
moyen qu'une simple exception pour faire annuler
l'obligation qu'il avait contractée. Il était, pour ainsi
dire, à la merci du créancier, et il devait attendre ses
poursuites. C'était, il faut l'avouer, un inconvénient

très grave que la loi Plætoria ne prévenait pas : mais c'est précisément de l'insuffisance même de ce système que naquirent les différentes modifications successives apportées par le préteur. Nous voulons parler de la *restitutio in integrum*. C'est l'objet de notre deuxième partie.

DEUXIÈME PARTIE

DROIT PRÉTORIEN

CHAPITRE PREMIER

Nature de la « restitutio ». — A qui et contre qui elle est accordée.

§ 1. — *Nature de la* RESTITUTIO IN INTEGRUM.

Le droit rigoureux de la loi des Douze-Tables ne permettait pas facilement de déroger aux règles qu'elle édictait, et cependant, l'équité qui doit toujours tenir sa place dans les conventions sociales, était trop à l'étroit dans les limites que lui imposait la législation primitive. C'est à une conciliation entre l'équité et la loi ancienne que devaient aboutir les efforts du préteur. Cette tâche, il l'entreprit, d'abord timidement, puis avec une certaine audace; et enfin, exagérant lui-même la portée de son institution, il la rendit presque aussi préjudiciable qu'elle pouvait être utile à ceux qu'elle devait protéger. Il fallait trouver un moyen terme entre la capacité du mineur de vingt-cinq ans et les mesures de protection qui devaient le garantir. Il fallait concilier des intérêts

tout à fait opposés et répartir entr'eux cette somme
de garanties dans une sage mesure. Le préteur
y réussit-il ? C'est ce que nous verrons bientôt.

Dans son *Traité de droit romain*, M. de Savigny
nous donne de la *restitutio in integrum* une définition
fort juste. « C'est, dit-il, le rétablissement d'un
état juridique antérieur, motivé par une opposition
entre l'équité et le droit rigoureux et opéré par la
puissance du préteur qui change, avec connaissance
de cause, un droit réellement acquis (1). » Le savant
auteur ajoute que ce n'était pas un rétablissement
véritable, mais la fiction d'un rétablissement de l'état
de droit. Cette définition fait ressortir, d'une manière
très exacte, la différence qui existe entre la *restitutio
in integrum*, et l'action proprement dite, qui a pour
but de mettre l'état de fait en conformité avec l'état
de droit.

§ 2. — *A qui est accordée la* RESTITUTIO.

En principe, elle n'est accordée qu'au mineur
de vingt-cinq ans. L'édit du préteur nous l'indique
lui-même (2) et Ulpien ajoute (3) : « *Apparet minoribus viginti quinque annis cum opem pollicere, —
nam post hoc tempus, compleri virilem ætatem
constat.* » La *restitutio* pouvait être demandée, soit

(1) Savigny, *Droit romain*, liv. II, chap. iv, § 316.
(2) « *Quod cum minore viginti quinque annis nata gestum esse
dicetur, uti quæque res erit animadvertam.* »
(3) Loi 1, § 2, IV, IV, Dig.

pendant la minorité, soit pendant une année utile à partir de la majorité acquise; et en cette matière, on calculait, non pas *de die ad diem*, ainsi que cela se faisait généralement pour compter l'année civile, mais *de momento ad momentum*. Ulpien nous le dit formellement (1).

Ce bénéfice de la *restitutio in integrum* pouvait enlever quelquefois tout crédit aux mineurs; aussi tous n'en jouissaient-ils pas. La *restitutio* constituait, en effet, une véritable gêne pour eux et pour ceux qui désiraient contracter avec eux. La *venia ætatis* eut pour but de les y soustraire. Elle se rencontre dans les textes comme synonymes d'*in integrum restitutio*. Papinien (2) parle d'un ex-pupille qui « *auxilio restitutionis non juvatur.* » « Si cette expression ne fait pas illusion à un mineur qui a obtenu la *venia ætatis*, dit M. Accarias, elle n'est plus qu'une périphrase assez étrange pour désigner le majeur. »

Reste maintenant la question de savoir si la *restitutio in integrum* accordée au mineur de vingt-cinq ans *sui juris* était également accordée au mineur *filius familias*. Cette question est fort controversée. Ulpien nous dit que la question peut faire doute « *movet dubitationem* (3) » en vertu de cette considération que si l'on décide qu'il faut protéger les fils de famille dans leur patrimoine propre, on

(1) Loi 3, § 3, IV, IV, Dig.
(2) Cod. 39, § 13, XXVI, VII, Dig.
(3) Loi 3, § 4, IV, IV, Dig.

protégera également leur père; or, le préteur n'a promis son secours qu'aux mineurs et non pas aux majeurs. Cependant Ulpien soutient l'opinion de ceux qui pensent que le mineur de vingt-cinq ans peut obtenir la *restitutio*, dans les cas où il est personnellement intéressé, par exemple, lorsqu'il s'est obligé lui-même. C'est ce que M. de Savigny exprime fort bien en disant « que le fils de famille obtient cette restitution contre ses propres actes, comme s'il n'était pas soumis à la puissance paternelle, pourvu (et cette condition s'applique à toutes les restitutions) qu'il y ait un intérêt. Le père n'en doit retirer aucun avantage, et, par conséquent, il ne peut l'invoquer pour lui-même. » Cette opinion est d'ailleurs confirmée par la loi 3, § 4, qui est le texte fondamental en cette matière. Si donc le fils s'est obligé par ordre de son père, celui-ci pourra certainement être poursuivi pour le tout, *in solidum*. Mais, si le fils est lui-même poursuivi, il devra obtenir la *restitutio in integrum*, tandis que le père ne l'obtiendra ni contre l'action *quod jussu*, ni contre l'action *de peculio*.

La proposition formulée par M. de Savigny a été limitée par une exception. Suivant certains auteurs, le mineur n'a pas droit à la *restitutio* quand l'acte préjudiciable est un prêt d'argent reçu par l'ordre du père. Ainsi, disent-ils, la dignité de la puissance paternelle serait compromise si la restitution prononcée venait déclarer préjudiciable un acte ordonné par le père. Telle est l'exception. Mais elle est formellement repoussée par Ulpien qui accorde la *restitutio* au fils, quoique l'acte ait été ordonné par le père.

« *Si igitur filius conveniatur, postulet auxilium : si patrem conveniat creditor, auxilium cessat, excepta mutui datione : in hac enim, si, jussu patris, mutuam pecuniam accepit, non adjuvatur.* » La solution de la question dépend de l'interprétation que l'on donne à ce texte. Les mots *non adjuvatur*, dit-on, semblent indiquer l'exception à la règle. La règle ne paraît donc résulter que d'un *adjuvatur*, ou d'un synonyme. Mais les expressions « *auxilium cessat* » qui précèdent sont synonymes de *non adjuvatur*, et l'exception ne semble pas s'y rapporter. D'autre part, *postulet auxilium* contraste avec *non adjuvatur* qui serait l'exception à la règle. C'est cette contradiction qui a donné naissance à la limitation énoncée plus haut. Mais l'explication de M. de Savigny est beaucoup plus simple. La voici, en résumé (1) : Ulpien dit que le prêt d'argent ne donne lieu qu'à une exception qui ne peut être que celle du sénatus-consulte Macédonien, exception invocable tant par le père que par le fils et spéciale au prêt d'argent (2). Cette exception doit donc exprimer une affirmation et non une négation « *non adjuvatur.* » Il faut donc lire : « *Si filius non jussu patris mutuam pecuniam accepit, adjuvatur, pater adjuvatur.* » Et alors on arrive à cette proposition qui peut se formuler de la manière suivante. En général, on ne vient pas au

(1) Savigny, *Droit romain*, t. VII, appendice 18.
(2) Loi 7, § 1 et loi 9, § 3, XIV-VI. Dig.

secours du père actionné pour les actes du fils, à moins qu'il ne s'agisse d'un prêt d'argent, car, contre cette action, le père a l'exception du sénatusconsulte, pourvu que le fils n'ait pas emprunté par son ordre. On peut encore dire qu'au cas d'un prêt d'argent, le père a contre l'action *de peculio* l'exception du sénatusconsulte, et qu'il ne l'a pas contre l'action *quod jussu*. Dans aucun cas, il ne peut invoquer la *restitutio* : « *Proinde et si sine jussu patris contraxit, et captus est : si quidem pater de peculio conveniatur, filius non erit restituendus ; si filius conveniatur, poterit restitui* (1). » Telle est, d'après nous, l'opinion la plus conforme aux principes.

Voyons maintenant si un esclave mineur de vingt-cinq ans pourra obtenir *l'in integrum restitutio*. En général, il ne pourra pas obtenir ce bénéfice. Car, dit Ulpien (2), on ne doit considérer que la personne du maître qui devra s'imputer à lui-même d'avoir confié ses intérêts à un mineur, « *quoniam domini persona spectatur qui sibi debebit imputare cur minori rem commisit.* » Ainsi, ce que l'esclave a fait, le maître est censé l'avoir fait lui-même (3). Un esclave, en effet, n'est jamais obligé par ses contrats, n'ayant de personnalité juridique qu'autant qu'il emprunte celle de son maître. Cependant, il peut arriver dans un cas particulier, et c'est peut-être le seul, qu'un esclave mineur de vingt-cinq ans fasse un acte qui

(1) Loi 3, § 4. IV, IV. Dig.
(2) Loi 3, § 11. IV, IV. Dig.
(3) Loi 4, *eod. tit.*

lui cause personnellement une lésion, c'est lorsqu'il a compromis par sa faute l'exécution d'un fidéicommis d'où dépendait sa liberté. Ulpien nous dit, en effet (1) : « *Si tamen is servus fuit cui fideicommissaria libertas debebatur, præsens; et fuit captus, cum re mora ei fit, poterit dici prætorem ei succurrere oportere.* »

En principe, nous le savons, la *restitutio* ne doit pas être accordée aux majeurs; et cependant ce principe n'est pas tellement absolu qu'il ne puisse, en vertu de l'équité, subir quelques exceptions.

La première concerne les héritiers du mineur. Ils peuvent se faire restituer *in integrum*, du chef du *de cujus*, *etiam sint ipsi majores* (2), comme dit Ulpien, mais à la condition qu'ils le fassent, comme il l'aurait dû faire lui-même, en temps utile. Néanmoins, ce délai pouvait être augmenté, *si forte ætas ipsius subveniat*, c'est-à-dire si le successeur du mineur était mineur lui-même.

La deuxième exception concerne le gérant d'affaires : « *Quod si minor, sponte sua, negotiis majoris intervenerit, restituendus erit* » (3). Si un mineur, sans en avoir reçu mandat, administre d'une façon préjudiciable les affaires d'un majeur, il pourra être contraint par celui-ci à le constituer *procurator in rem suam*, afin d'obtenir une *restitutio in integrum* qui le rende indemne.

Cette solution est fort juste; elle est conforme à

(1) Loi 5, IV, IV. Dig.
(2) Loi 18, § 5, *cod. tit.*
(3) Loi 24, *cod. tit.*

l'équité et à la nature des choses; si elle n'avait pas été admise, un mineur aurait pu, pour des raisons plus ou moins avouables, causer un sérieux préjudice en s'immisçant dans les affaires du premier venu et en refusant de se faire restituer : remarquons cependant que cette solution ne s'appliquerait point dans le cas de mandat; car le majeur, dans cette hypothèse, serait en faute d'avoir choisi sciemment pour la gestion de ses affaires une personne incapable. La solution que nous venons de donner par rapport au mineur *negotiorum gestor* doit elle-même être limitée au cas où le *dominus* aurait été dans l'impossibilité d'empêcher la gestion; car, s'il avait pu l'empêcher et qu'il ne l'eût pas fait, il serait seul responsable.

La troisième exception et, sans contredit, la plus intéressante de toutes, à suite des controverses qu'elle a suscitées, est celle qui concerne les cautions. La *restitutio in integrum* d'un mineur de vingt-cinq ans doit-elle profiter à ses cautions? Telle est la question sur laquelle roule la controverse et que nous devons examiner. Quand un mineur a contracté avec une personne et qu'il a fait accéder des fidéjusseurs à cette obligation, il se trouve tenu : 1° de l'action du contrat envers le créancier; 2° de l'action *mandati contraria* à l'égard des fidéjusseurs qui ont payé le montant de l'obligation. Quand le mineur voudra se faire restituer, il demandera la restitution contre le créancier et contre le fidéjusseur. Mais une fois la restitution prononcée, quel est celui des deux, du fidéjusseur ou du créancier, qui sera sacrifié ? A cet

égard, les textes ne posent point de règle générale. Ainsi, dans les lois 3 et 4, dans la question de
savoir si la restitution profitera au père, Ulpien se
sert de ces mots : « *Sic solet interdum fidejussori ejus
prodesse* ». Paul nous dit, dans un autre texte (1),
que la restitution pourra profiter au fidéjusseur. Le
texte dit bien que le fidéjusseur ne peut pas invoquer
l'*in integrum restitutio*, mais il ne dit pas s'il peut en
profiter, une fois qu'elle a été accordée au mineur. Et
cependant certains auteurs, voulant édicter une règle
générale, ont soutenu que l'*in integrum restitutio* devait toujours profiter au fidéjusseur; à l'appui de leur
opinion, ils invoquent deux textes : le premier est de
Scævola (2), il est ainsi conçu: « *Si pupillus se here-
ditate abstineat, succurrendum est, et fidejussoribus
ab eo datis, si ex hereditario contractu conveniatur.* »
Si un pupille, après s'être immiscé dans les biens
d'une hérédité, obtient la faculté de s'abstenir, les
fidéjusseurs devront être dégagés. Nous ne pensons
pas que ce texte pose une règle générale, et M. Machelard (3) l'explique en disant que les fidéjusseurs,
dont il s'agit ici, n'ont pas pu se défier d'une restitution pour cause de minorité : « C'est le tuteur, dit-il,
un majeur qui a fait faire immixtion au pupille ».
Les fidéjusseurs ont cru cautionner l'obligation d'un
majeur, et n'ont pas pu penser qu'ils garantissaient

---

(1) Loi 7, § 1, XLIV, I. Dig.

(2) Loi 89, XXIX, II, Dig.

(3) Machelard, *Oblig. nat.*, page 250.

les créanciers contre les chances d'une *restitutio in integrum*.

Le second texte (1) est ainsi conçu : « *Minor viginti quinque annis, si defensor existat, ex quibus causis in integrum restitui possit, defensor idoneus non est : quia et ipsi et fidejussoribus ejus per in integrum restitutionem succurritur.* » M. Machelard (2) explique encore ce texte de la manière suivante : « Ulpien dit qu'un mineur de vingt-cinq ans n'est pas un *defensor idoneus*, parce qu'il a droit à se faire restituer, ainsi que ses fidéjusseurs. Nous croyons que la pensée du jurisconsulte est que, de la part de celui qui a plaidé contre un pareil *defensor*, il n'y aura pas eu *res in judicium deducta*, et qu'il pourra renouveler son action sans avoir à craindre l'exception *rei judicatæ*. Quant aux fidéjusseurs qui auraient fourni la caution *judicatum solvi*, la restitution se conçoit à leur profit, s'ils ont cautionné par ignorance de l'état de minorité du *defensor*. Ulpien l'admet comme possible, mais non comme nécessaire.

Quoi qu'il en soit, nous pouvons raisonnablement conclure que, dans chaque cas particulier, il fallait examiner s'il y avait lieu de faire participer le fidéjusseur au bénéfice de la restitution. En vertu de son pouvoir discrétionnaire, le préteur pouvait décider ce point dans la *causæ cognitio*, qui précédait la *restitutio in integrum* : « *In causæ cognitione versabitur*

---

(1) Loi 51. *De Procurat. et Defens.* III — III. Dig.
(2) Machelard, *loc. cit.*

utrum soli ei succurrendum sit, an etiam his qui pro eo obligati sunt, ut puta fidejussoribus. Itaque si cum scirem minorem, et ei fidem non haberem, tu fidejusseris pro eo, non est æquum fidejussori in necem meam subveniri. In summo perpendendum est prætori, cui potius subveniat. »

Plus tard, la *restitutio in integrum* des mineurs fut étendue et accordée aux *respublicæ*, c'est-à-dire à toutes les corporations politiques, à toutes les municipalités des villes (1). Elle fut ensuite accordée aux corporations religieuses, aux églises et aux cloîtres.

§ 3. — *Contre qui est accordée la restitutio.*

La *restitutio in integrum* est accordée contre tous ceux qui ont trompé un mineur de vingt-cinq ans; telle est la règle générale. Entrons dans l'examen de certains cas, cités par les textes.

Et d'abord remarquons que la *restitutio* n'était point accordée aux descendants contre leurs ascendants, ni aux affranchis contre leur patron, et qu'elle était inadmissible contre tous ceux que l'on ne pouvait atteindre par l'action de dol à cause du respect qui leur était dû. Ces exceptions ont été consacrées par une constitution de Justinien au Code (2) : « *Sancimus nullo modo neque adversus parentes utriusque sexus, neque adversus patronum vel patronam dari restitutionem.* »

(1) Loi 2, II. — LIV. Code.
(2) Loi 2, II. — X LII. Code.

Pour l'action de dol, l'exception n'a d'autre but que d'écarter l'infamie qu'elle entraîne. Nous voyons également que les ventes faites par le fisc jouissaient du privilége de ne pouvoir pas être attaquées par la *restitutio in integrum*, ainsi que le témoigne la loi 5 au Code, livre 10 titre 3, sauf cependant les exceptions portées aux lois 1 et 3 au Code, livre 11, tit. 37, (*si adversus fiscum.*) La loi 1 prévoit le cas où le mineur a été lésé par l'agent même du fisc : « *Si Probus circumventura Rufino, dispensatore nostro.* »

Un mineur peut-il être restitué contre un autre mineur? Tandis que Pomponius refuse toute espèce de restitution, Ulpien déclare que le préteur doit examiner lequel des deux mineurs a été trompé. Et il s'exprime ainsi (1) : « *Et Pomponius simpliciter scribit non restituendum. Puto autem inspiciendum a prætore qui captus sit : proinde si ambo capti sint, verbi gratia, minor minori pecuniam dedit, et ille perdidit : melior est causa secundum Pomponium ejus qui accepit, et dilapidavit, vel perdidit.* »

La loi 11 § 7 (2) prévoit le cas où un mineur contracte avec un fils de famille majeur protégé par le sénatus-consulte Macédonien, et demande ensuite la *restitutio in integrum*. Dans ce cas, Ulpien décide qu'il devra être écouté : « *Ut magis ætatis ratio quam senatus-consulti habeatur.* » Au contraire, si un mineur a prêté de l'argent à un fils de famille mineur qui l'a dissipé, on préférera ce dernier, à moins,

---

(1) Loi 11, § 6. IV. — IV. Dig.
(2) *Eod. tit.*

ajoute Paul (1), que ce dernier ne se soit enrichi :
« *Nisi si locupletior inveniatur, litis contestatæ tempore isque accepit.* »

Gaïus examine le cas où, contrairement au sénatus-consulte velléien, une femme s'est obligée envers un mineur aux lieu et place d'un de ses débiteurs ; le mineur n'aura point d'action contre elle, et sera repoussé par l'exception du sénatus-consulte. Il conserve son action contre son ancien débiteur, pourvu qu'il soit solvable. Au cas d'insolvabilité, la femme ne pourrait plus opposer l'exception, et le mineur serait restitué *in integrum.*

Voyons maintenant si la restitution peut être demandée contre une personne avec laquelle le mineur n'a point traité ; et, pour poser la question d'une manière plus directe et plus générale en même temps, demandons-nous si la *restitutio* est *in rem* ou *in personam.* En principe, la *restitutio* est donnée *in personam.* Mais comme son but est de garantir le mineur contre une lésion, elle ne remplirait pas le but même que le préteur s'est proposé en l'instituant, si on la refusait dans les cas où une action *in personam* exercée contre celui avec qui le mineur a traité, elle demeurerait infructueuse. Ainsi, elle sera donnée *in rem* contre le possesseur de la chose, bien que le mineur n'ait point traité avec le possesseur. Cela aura lieu quand un mineur ayant vendu son bien à *Primus*, celui-ci le revendra à un second acquéreur. De deux choses

(1) Loi 31, *eod. tit.*

l'une : ou le premier acheteur est solvable, et alors
on n'accorde la restitution contre le second que s'il a
su que l'objet venait d'une vente faite par le mineur ;
ou bien il est insolvable, et alors on accorde encore la
restitution contre le second acheteur, quoiqu'il soit
de bonne foi. Sans doute, cette solution n'est pas tout
à fait équitable, car, dans les deux cas, le second acheteur est devenu *dominus* et possesseur de bonne foi.
Il semble donc devoir être à l'abri de tout trouble. Le
seul motif qu'on puisse donner à cette solution réside
dans la faveur considérable dont jouissaient les mineurs. D'un autre côté, Labéon pense qu'il faudra
tenir compte de la bonne ou mauvaise foi du tiers
contre lequel la *restitutio* est demandée. Si le second
acquéreur est de mauvaise foi, il devra subir la
restitutio. S'il est de bonne foi, mais si le premier acquéreur est insolvable, il faut venir, dit Labéon, au
secours du mineur (1). « *Æquius est minori succurri
etiam adversus ignorantem, quamvis bona fide emptor
est.* » Cependant le second acquéreur aura le droit
de recourir contre son vendeur. Gaius dit, en effet (2) :
« *Sed ubi restitutio datur, posterior emptor reverti
ad auctorem suum poterit : per plures quoque per-
sonas si emptio ambulaverit, idem juris erit.* »

Enfin, la loi 27, § 2, nous fournit encore deux hypothèses où la *restitutio* est accordée au mineur. La
première est celle-ci : un mineur de vingt-cinq ans
a donné, sans cause, quittance à son débiteur. Il re-

(1) Loi 13, § I, IV-IV Dig.
(2) Loi 15, *eod. tit.*

3

couvrera son action non-seulement contre le débiteur
lui même, mais encore contre les cautions. La
deuxième hypothèse est celle où un mineur, ayant
deux co-obligés, a donné, sans motifs, quittance à l'un
deux : « *in utrumque*, dit Gaius, *restituenda est actio* ».
Un mineur constitue un gage ; ce gage vient à être
vendu, et cette vente lui cause une lésion ; pourra-t-
il se faire restituer contre cette vente ? Pour répondre
à cette question, il faut distinguer le cas où le gage
a été constitué *ex causâ judicati* et celui où il a été
constitué volontairement. Dans le premier cas, c'est-
à-dire lorsque le gage a été constitué *ex causâ judicati*,
le principe est qu'il n'y a pas lieu à la restitution ;
car le mineur n'y a droit que quand la lésion résulte
d'un acte fait par lui-même ou par son représentant ;
or, dans le cas dont il s'agit, il n'a été nullement
partie dans l'acte. Cependant s'il y avait eu collusion
frauduleuse entre le curateur et l'acheteur, le mineur
pourrait obtenir la *restitutio*, si la lésion est considérable. Mais alors on se demande s'il sera remis en
possession de la chose, ou s'il n'obtiendra qu'une indemnité. En général, il obtiendra une indemnité ou
l'équivalent du prix de la chose : en effet, si on avait
obligé les acheteurs à rendre la chose elle-même, on
les aurait dissuadés de se présenter aux ventes publiques. Néanmoins, si le mineur prouve qu'il a intérêt énorme à être remis en possession de la chose,
on la lui restituera : « *Etiam adversus venditiones
pignorum quæ a creditoribus fiunt, minoribus subveniri (si tamen magno detrimento afficiantur) jo mpri-*

dem placuit » (1), et Woët (2), auquel nous empruntons l'exposition des deux hypothèses, déclare qu'il doit en être ainsi : « *Si manifestissima ac enormis læsio minori per illam solemnem pignorum distractionem appareat, nec a tutoribus aut alia ratione indemnitatem queat impetrare, non dubitaverim quin æquitate rei motus judex per restitutionem minori opem jure laturus sit.* »

Le deuxième cas est celui où le gage a été constitué volontairement. Deux hypothèses sont à examiner :

1° C'est le mineur qui a constitué le gage lui-même, auquel cas, dit Woët, la restitution doit lui être accordée, s'il a subi une lésion.

2° C'est un majeur qui a constitué le gage, et un mineur lui a succédé. Dans ce cas, il n'y aura pas lieu à la restitution : « *licet læsio quædam appareat.* » Mais il y aurait une action contre le curateur qui a permis la vente, ou contre le créancier de mauvaise foi (3). *Vel contra curatores venditionem permittentes agendum, vel contra creditorem, si non bona fide, is distrahendo versatus sit.* »

(1) Loi I, code II-XXIX.
(2) *Ad pandectas comment.*, § 17, liv. IV, tit. IV, page 264.
(3) Loi 2. Code II-XXIX.

CHAPITRE II

Conditions et causes de la restitution.

SECTION PREMIÈRE

CONDITIONS NÉCESSAIRES POUR L'OBTENIR

L'exercice du droit de restitution était trop rigoureux et trop exclusif pour qu'on n'eût point songé à le réglementer. Aussi le préteur avait-il exigé pour l'exercice de la *restitutio* : 1° qu'il y eût une lésion affectant le mineur (1) ; 2° qu'il n'y eût pas d'autre voie de *recours*, ou, du moins, que cette voie ne lui offrît pas une protection équivalente. Mais auparavant, le mineur devait prouver son état de minorité. C'était une condition indispensable, servant de base à celles qui étaient exigées. Examinons successivement les deux conditions dont nous venons de parler.

§ 1er. — *Lésion.*

L'idée d'appauvrissement est intimement liée au mot lésion. « Il faut entendre par lésion, dit M. de Savigny (2), un changement véritable de l'état de

---

(1) De là le brocard : « *Minor restituitur non tanquam minor sed tanquam læsus* »

(2) Savigny. *Traité de Droit romain*, tome VII, page 125.

droit préjudiciable à celui qui réclame la restitution. »
Mais il ne faut pas que ce changement soit une viola-
·tion du droit, auquel cas l'action ordinaire serait
suffisante et la restitution inutile. La lésion, dit
Ulpien (1), ne consiste pas seulement dans une diminution accomplie dans l'état du droit, mais encore
dans la transformation d'un droit certain en un droit
douteux et sujet à contestation. Il faut donc, pour que
la *restitutio* soit admissible, que le patrimoine du
mineur ait été diminué, par exemple, par une aliénation. Mais la restitution a-t-elle exclusivement pour
objet la diminution d'un bien déjà acquis, ou bien
porte-t-elle aussi sur le défaut d'accroissement
(*lucrum*)? Il faut décider, avec la généralité des
textes, que la restitution est applicable à ce dernier
cas. Ainsi, le mineur qui a répudié une hérédité avan-
tageuse, est restituable, quoiqu'ayant négligé une
simple occasion d'acquérir (2). Ainsi encore, le
mineur pourra exercer la restitution s'il a vendu son
bien pour un prix suffisant, et s'il a refusé des offres
plus avantageuses (3). Aussi, enfin, la restitution
pourra être exercée par le mineur qui, ayant acheté
une chose sous la condition que la vente serait résolue
s'il trouvait un prix plus avantageux, a laissé s'accomplir l'action résolu re (4). De l'ensemble de
tous ces textes, nous po ns raisonnablement con-

(1) Loi 6. IV-IV. Dig.
(2) Loi 7, § 9, IV-IV. Dig.
(3) Loi 7, § 6 et 8, *eod. lit.*
(4) Loi 33. *eod. lit.*

clure qu'un simple gain manqué ou un intérêt moral
méconnu constituent une cause suffisante de lésion,
« pourvu qu'à ces circonstances, dit M. Accarias,
se joigne la perte d'un droit né et actuel, soit qu'il
fût déjà entré dans le patrimoine du mineur, soit
dépendît de lui de l'y faire entrer (1). »

La lésion ne résulte pas nécessairement d'un acte
positif (*aliquid gestum*), ainsi que cela semble
résulter de la loi 1-IV-IV au Digeste. Une simple
omission (*aliquid prætermissum*) est suffisante, quand
elle emporte diminution du patrimoine ou dépouille-
ment d'un droit (2).

M. de Savigny (3) nous indique une foule d'applications de la *restitutio*, qu'il est inutile de mentionner,
car elles ne soulèvent aucune difficulté et rentrent
dans le principe général posé plus haut. Malgré cette
facilité d'application, nous devons toutefois ajouter
que ce bénéfice enlèverait tout crédit au mineur, et
deviendrait un véritable piège pour les tiers, s'il
n'était à son tour restreint dans certaines limites. Son
but étant de garantir le mineur contre les dangers
de sa propre inexpérience, nous pouvons dire que le
mineur lésé par son propre délit ou par son dol n'est
jamais restituable (4). La restitution ne lui sera pas

(1) Accarias, tome 1, page 382.
(2) Loi 3, § 8 et 7, § 11. Loi 36 et 41. IV-IV, Dig. Nous ferons
remarquer qu'il n'est pas nécessaire que la lésion résulte d'un dol
ou de manœuvres frauduleuses; il suffit qu'il y ait préjudice.
Loi 5. Code II-XXII.
(3) *Loc. cit.*
(4) Loi 9, § 2, IV-IV. Dig.

non plus accordée si la lésion provient d'un pur
cas fortuit, par exemple un incendie, qui aurait
atteint le majeur le plus avisé (1). En troisième
lieu, nous devrons également décider que la restitution ne sera pas admissible quand la lésion résultera de l'application d'une règle de droit à laquelle
nul ne peut se soustraire (2). Enfin, nous déciderons
que le mineur ne pourra pas demander la restitution quand la lésion ne présentera aucune gravité (3).
Dans toutes ces hypothèses, il est évident que
l'équité exige la même solution. Il ne faut pas que
des protections excessives se transforment en mesures vexatoires ou contraires à la saine application
de la *restitutio*.

§ 2. — *Absence de toute autre voie de droit ou de voie équivalente*

Partant de ce principe que la *restitutio in integrum*
est un secours extraordinaire, nous pouvons considérer comme évident qu'on n'y devra recourir qu'en
l'absence de toute voie ordinaire. C'est ce que nous
dit fort bien Gaius : « *Si communi auxilio et mero jure
munitus sit, non debet ei tribui extraordinarium auxilium* (4). Ainsi que le fait remarquer M. Accarias,
cette condition implique l'inutilité de la *restitutio* con-

(1) Loi 11, § 4. cod. tit.
(2) Loi 51, § 4. XLVI-I. Dig.
(3) Loi 24, § 1, IV-IV., et loi 4. IV-I. D.
(4) Loi 16 pro. IV. IV. Dig.

tre tout acte nul d'après le droit civil, ce qui n'existe pas, ne pouvant pas être rescindé. Cette considération s'applique : 1° aux actes du pupille non autorisé ; 2° aux donations et autres actes faits par un tuteur ou un curateur en dehors de ses pouvoirs ; 3° aux aliénations prohibées par le sénatus-consulte de Septime Sévère, qu'elles émanent du tuteur ou du curateur agissant seul, ou du pupille autorisé, ou de l'adulte agissant avec ou sans le consentement de son curateur. Cependant deux textes de Scævola (1) accordent la restitution contre des aliénations immobilières, quoique, en principe, ces actes soient frappés de nullité. Mais il n'y a point contradiction entre les textes. Scævola vivait, en effet, avant Septime Sévère et c'est à tort que ces textes ont été insérés au Digeste ; nous savons, en effet, que depuis Constantin, il n'est même pas possible de les appliquer aux *prædia urbana*. Ils n'atténuent donc en rien le principe fondamental en cette matière qui veut que la *restitution* soit inutile contre tout acte nul d'après le droit civil.

Ulpien prévoit encore le cas où la restitution sera inutile : c'est celui où un mineur se serait engagé dans une société léonine, qui serait nulle même entre majeurs (2).

Cette seconde condition de restitution consistant dans l'absence de toute autre voie de droit emporte exclusion de ce bénéfice toutes les fois que le mineur

(1) Loi 39 § 1 et 47 § 1. *eod. tit.*
(2) Loi 16 § 1. IV-IV. Dig.

trouve pleine et efficace protection dans les actions ordinaires qui lui sont données contre le, tuteur ou ses cautions, ou même contre les magistrats municipaux. Mais la solvabilité des tuteurs ou curateurs s'oppose-t-elle à l'*in integrum restitutio* contre les actes qu'ils ont faits ou auxquels ils ont participé ? Nous adoptons sur ce point l'opinion de M. Accarias (1), qui établit une distinction tirée de la nature même de l'institution prétorienne. « La restitution ne sera point admise, dit-il, si elle ne présente pour le mineur aucun avantage particulier : elle le sera, au contraire, si elle donne une plus pleine satisfaction à ses intérêts. » Ainsi on n'admettra point la restitution au cas où un tuteur ayant touché un paiement au nom de son pupille a dissipé l'argent qu'il a reçu ; dans ce cas, en effet, qu'importe au pupille de recevoir l'argent de son tuteur ou celui de son débiteur ? Au contraire, la restitution sera admise au cas où il s'agirait d'une aliénation mal faite ; car, ici, le pupille peut préférer le recouvrement de son bien à l'indemnité qu'il a le droit d'exiger de son tuteur : l'action *tutelæ directa* n'aboutirait, en effet, qu'à une satisfaction pécuniaire (2). Ces textes ne font point la distinction indiquée par M. Accarias : aussi certains auteurs en ont-ils conclu que le mineur peut se faire restituer dans tous les cas, même au cas de solvabilité du tuteur, plutôt que de le poursuivre. Cette doctrine repose uniquement sur les deux textes que

(1) Accarias, tome I, page 334.
(2) Lois 3 et 5. Code, II-XXV.

nous venons de citer. Nous la repoussons parce qu'elle nous paraît trop contraire au but que s'est proposé le préteur en venant au secours des mineurs de vingt-cinq ans, et, de plus, parce qu'elle est en contradiction formelle avec le principe posé par Ulpien (1) : « *Si communi auxilio et mero jure muni-tus sit, non debet ei tribui extraordinarium auxilium.* »

La restitution n'est donc qu'un secours subsidiaire puisque, contrairement à l'équité et au crédit public, elle produit ses effets contre les tiers de bonne foi et contre des actes valables (2).

Et cependant il y a des cas où il est loisible au mineur d'opter entre ce bénéfice et une action ordinaire. Ainsi le mineur qui a été surpris par dol ou dont le consentement a été extorqué par violence peut choisir entre l'action *quod metus causa* et la *restitutio in integrum* (3), et quand il peut se faire restituer, il ne lui est pas permis d'exercer l'action de *dolo* (4). Cette dérogation à la règle générale s'explique par les effets si graves de ces deux actions, la première exposant le défendeur à une condamnation au quadruple, et la seconde à l'infamie.

(1) Loi 16, pro IV-IV. Dig.
(2) Accarias, *loc. cit.*
(3) Loi 21 § 6. IV-II. Dig.
(4) Loi 7 § 1. IV-I et loi 38, IV-III. Dig.

SECTION II

CAUSES POUR LESQUELLES EST DONNÉE LA « RESTITUTIO »

Occupons-nous d'abord des actes *(gesta)* faits par le mineur qui donnent lieu à la *restitutio in integrum*. Nous parlerons ensuite des omissions *(prætermissa)*, qui permettent aussi l'emploi de ce bénéfice.

§ 1er. — *Contrats et quasi contrats.*

I. — Tout mineur trompé dans un achat, une vente, un contrat de société ou un prêt d'argent dont il n'a pas profité peut obtenir la *restitutio in integrum* (1). Ainsi, je vends une chose appartenant à un pupille; cette vente, qui est certainement valable, pourra cependant être attaquée et faire l'objet d'une *restitutio*, si le pupille a éprouvé un préjudice trop grand : « *Si grande damnum versatur, etiamsi collusio non intercessit; distractio per in integrum restitutionem revocatur* (2).

Une novation incertaine et litigieuse, une acceptilation sans cause légitime donnent encore lieu à la *restitutio*. Le mineur est restitué, non-seulement pour les contrats faits dans son propre intérêt, mais encore pour les dettes qu'il a contractées, pour les hypothè-

(1) Loi 7 § 1. IV-IV. Dig.
(2) Loi 49. IV-IV. Dig.

ques ou cautionnements consentis pour autrui (1). Bien plus, si on lui a remis l'argent qui était dû à son père et qu'il l'ait dissipé, il faut décider qu'il obtiendra la *restitutio in integrum* (2). « Car, dit Ulpien, le débiteur aurait pu le contraindre à se faire nommer un curateur, auquel il aurait payé, ou à déposer la somme dans un lieu public.

L'effet de la *restitutio* est de faire revivre l'obligation du débiteur qui a payé le mineur, même en présence de son curateur (3). Mais Justinien, considérant à bon droit que cet état de choses était trop contraire au crédit public, vint au secours des débiteurs en leur prescrivant de ne payer qu'après y avoir été autorisés par une sentence judiciaire (4).

Le mineur qui a payé l'indû obtiendra la *restitutio in integrum* au moyen d'une action utile, alors que le droit civil ne l'accorde pas. Le majeur de vingt-cinq ans ne l'obtiendra qu'en justifiant d'une cause légitime d'erreur (5).

II. — La lésion pouvant se rencontrer dans tous les rapports de droit, voyons si le mineur peut se trouver lésé dans le domaine des droits de famille. Le principe admis par les textes en cette matière est que l'état de citoyen ne peut être atteint par la

(1) Loi 7 § 3. IV-IV. Dig.
(2) Loi 7 § 2. *eod. tit.*
(3) Loi 1. II-XXXIII. Code.
(4) Loi 25. V-XXXVII. Code.
(5) Loi 2. II-XXXII. Code.

restitutio. Cependant, Ulpien (1) indique l'hypothèse d'un mineur abrogé par un voleur (*prædo*) qui aurait voulu, non pas le rattacher à lui par des liens de famille, mais le dépouiller de son patrimoine et il nous dit que le mineur devra être restitué : « *Dico debere eum audiri in integrum se restituendum* » et M. de Savigny tire argument de ce texte pour déclarer que toute *capitis deminutio* n'échappe pas à la *restitutio*, ainsi que semble le dire Papinien (2), « *res nec capit restitutionem, eum statum mutat.* » Ce jurisconsulte n'entend parler, dans cette loi, que des changements du *status publicus* et non de ceux du *status privatus*. Il suppose que le mineur est tombé en servitude, pour partager le prix de la vente ; et c'est à suite de cette hypothèse qu'il nous dit que la *restitution* n'est point admise contre les changements d'état.

III. — Dans la matière des successions, nous trouvons de nombreuses applications de la *restitutio in integrum*, qu'il s'agisse d'une succession civile ou prétorienne, d'une addition ou d'une immixtion désavantageuse, d'une renonciation ou d'une abstention. La restitution sera accordée à tout mineur héritier nécessaire (3). Celui qui fait acte d'héritier à l'égard d'une hérédité qu'il avait répudiée auparavant, peut se faire restituer contre les conséquences de cet acte,

(1) Loi 3, § 6, IV-IV, Dig.
(2) Loi 9, § 4, *eod. tit.*
(3) Loi 1, II-XXXIX, Cod. et loi 7, § 5, IV-IV, Dig.

afin de s'abstenir (1). Mais une constitution de l'empereur Justinien décide (2) que le mineur restitué contre une adition d'hérédité que son père avait faite, et, l'ayant ainsi répudiée, ne pourra plus se faire restituer contre cette répudiation, afin de faire une nouvelle adition : « *ne ludibrio leges ei fiant sæpius eamdem et amplecti et respicere hæreditatem, cupienti* »; et dans la novelle 118, chapitre VI, il décide que, quand un mineur voudra se faire restituer contre une adition d'hérédité, on convoquera chez lui tous les créanciers; ils y seront cités par le juge trois mois à l'avance, et, s'ils ne se présentent pas, la restitution sera accordée au mineur; de cette façon, le mineur est mis directement en rapport avec la succession et les créanciers n'auront à imputer qu'à leur propre négligence les conséquences d'une *restitutio* qu'ils pouvaient avoir intérêt à éviter.

IV. — On admettait la restitution même contre les actes judiciaires (3). Qu'il ait été demandeur ou défendeur, qu'il ait laissé périmer l'instance, ou passer les délais d'appel, le mineur n'a qu'à s'adresser au magistrat pour obtenir la *restitutio*. Cette demande de *restitutio* pouvait même être admise contre le jugement du magistrat qui avait refusé la restitution à un mineur pourvu que celui-ci présentât de nouveaux moyens de défense. « *Et tam præfectus*

(1) Loi 7, § 9, IV-IV, Dig.
(2) Loi 8, § 6 — IV-LI, Cod.
(3) Loi 7, § 4, IV-IV, Dig.

urbi quam alii magistratus pro juridictione sua resti-tuere in integrum possunt, tam in aliis caussis, quam contra sententiam suam (1). » Cette restitution était admise quel que fût le magistrat qui avait rendu la sentence. C'est ce que nous dit la loi 17. Le préfet du prétoire peut restituer contre sa propre sentence, quoiqu'elle ne soit point susceptible d'appel. L'appel et la restitution produisaient bien des effets ana-logues; mais ces deux modes de jugement étaient loin d'avoir les mêmes caractères. Car l'appel, dit Hermogénien, est une plainte contre un jugement que l'on croit inique : « *querelam iniquitatis sententiæ continet* », tandis que la demande de restitution ne repose que sur une erreur de la part du plaignant ou un dol de la part de l'adversaire : « *erroris veniæ petitionem, vel adversarii circumventionis appella-tionem continet.* »

On accordait fort rarement la restitution contre une sentence rendue par le prince : « *perraro solet restitutionem permittere.* » Dans ce cas, le mineur devait prouver la fausseté des motifs mis en avant pour sa défense, et, lui seul avait alors qualité pour demander la *restitutio.*

V. — Le mineur, lésé par les actes que son tuteur a faits, peut être restitué sans qu'il y ait à distinguer s'il y a eu ou non intention frauduleuse de la part de celui-ci (2). Le mineur peut encore obtenir la *resti-*

(1) Loi 16, § 5, IV-IV, Dig.
(2) Loi 2, II-XXV, Code.

tutio contre les actes qu'il a faits au nom d'un majeur, en sa qualité de *negotiorum gestor* (1). Mais il ne faudrait pas adopter la même solution, si le mineur avait agi comme mandataire.

Si celui dont on a géré les affaires est lui-même un mineur, il ne pourra obtenir la *restitutio* contre la sentence judiciaire que s'il a fourni pour son défenseur la caution *judicatum solvi*.

§ 2. — *Actes que le mineur a omis.*

Nous avons posé plus haut le principe en vertu duquel le mineur devait obtenir la *restitutio* non-seulement contre les actes qu'il avait faits, mais encore contre ceux qu'il avait omis de faire : « *Minoribus in his quæ vel prætermiserunt, vel ignoraverunt, innumeris auctoritatibus constat esse consultum* (2). Ainsi un mineur a-t-il vu adjuger à une autre personne une chose qui se vendait aux enchères, il obtiendra la restitution pourvu qu'il prouve qu'il avait un intérêt sérieux à avoir cette chose ; et Woët (3) dit fort bien : « *De licitatione, Romanis quidem placuisse, minorem licitatione superatum, ac restitutionem petentem adversus addictionem plus licitanti factam, audiendum esse, si sua interesse doceat, rem sibi emptam habere, veluti quad majorum ejus fuisset.* »

Le mineur est encore restituable contre l'usuca-

(1) Loi 24, IV-IV, Dig.
(2) Loi 8, II-XXII, Code.
(3) Woët. *ad Pandectas; de Minoribus XXV annis.*

pion accomplie à son préjudice : et Callistrate, rapportant l'opinion de Labéon, déclare qu'il faudra accorder la restitution même à l'enfant conçu, contre lequel on aurait usucapé : « *priusquam nasceretur... restituendam actionem Labeo scribit* (1).

Un mineur peut aussi obtenir la *restitutio* contre une péremption d'instance (2). La sentence est dite *ex eremodicio* lorsqu'elle est rendue en l'absence du demandeur régulièrement cité, et alors elle n'est plus susceptible d'appel.

Enfin, Hermogénien déclare que le mineur pourra demander la restitution, quand il aura été condamné par contumace ; ou encore, dit Paul (3), quand il aura omis d'articuler certains faits « *omissam allegationem.* »

Dans la loi 38 (4), Paul rend compte d'une hypothèse où la restitution fut accordée au mineur dans les circonstances suivantes. Un individu avait acheté un fonds de terre en faisant insérer dans le contrat une *lex commissoria* : « *ita ut si intra duos menses ab emptione reliqui pretii partem dimidiam non solvisset, inemplus esset...* » Après sa mort, sa fille mineure demanda la restitution parce que ses tuteurs n'ayant point obéi à la *lex commissoria*, le propriétaire non payé avait revendu à un tiers : « *venditor post annum eamdem possessionem Claudio Telemacho*

(1) Loi 45, IV-IV. Dig.
(2) Loi 7, § 12. *eod. tit.*
(3) Loi 26. *eod. tit.*
(4) *Eod. tit.*

4

vendiderat. » Le préteur et le préfet de la ville refu-
sèrent la restitution, et Paul déclare cette décision
excellente parce que, dit-il, *pater ejus, non ipsa, con-
traxerat,* c'était son père et non pas elle qui avait
contracté. Mais l'empereur, touché de cette situation,
l'affranchit de cette *lex commissoria* et lui accorda la
restitutio in integrum.

§ 3. — *Cas où l'on peut dire que le mineur a été* captus.

Ulpien nous indique dans quel cas un mineur peut
être *captus* (1). Il le sera, non-seulement quand il
aura éprouvé un dommage direct, mais encore quand
il aura manqué l'occasion de s'enrichir, « *quod adqui-
rere emolumentum potuerunt, omiserint.* »

Scævola, cité par Paul (2), établit une distinction
en matière de succession. Le mineur répudie une
succession, il sera restitué contre cette répudiation
s'il n'y a rien de fait, si les choses sont dans leur
entier; mais il sera repoussé si les biens sont vendus
et les affaires terminées. Cependant Justinien modifia (3) plus tard cet état de choses, pour le cas où
il n'y aurait encore rien de fait. S'il s'agit, dit-il,
d'un mineur de vingt-cinq ans qui n'est plus dans
les délais pour obtenir la restitution, on lui accordera
trois ans. S'il s'agit d'un mineur ou d'un majeur qui

(1) Loi 44. IV-IV. Dig.
(2) Loi 24, §2. *eod. tit.*
(3) Loi 6. VI-XXXI. Code.

est encore dans les délais, alors, après le délai de
quatre années continues, ou une année utile, on lui
accordera trois ans pendant lesquels, les choses restant
dans le même état, il pourra faire adition d'hérédité et revenir sur sa répudiation. Ce délai expiré, il
n'a plus aucun moyen de revenir sur ce qui a été
fait « *nisi forte eo in minore ætate constituto, res
venditæ sint* », à moins que les objets héréditaires aient
été vendus pendant sa minorité, auquel cas il obtiendra la restitution pour rentrer en possession de ses
biens et désintéresser les créanciers du père.

§ 4. — *Cas où la restitutio n'est pas donnée.*

Le mineur qui a commis un délit n'a point droit à
la restitution : « *Et placet*, dit Ulpien (1), *in delictis
minoribus non subveniri*, » et la loi 1 au Code (2) dit
encore : « *In criminibus quidem ætatis suffragio,
minores non juvantur*; *etenim malorum mores infir-
mitas animi non excusat.* » Mais si le mineur était
exposé à l'une de ces actions *quæ in duplum cres-
cunt adversus inficientem*, et qu'il ait nié, on peut
lui accorder *l'in integrum restitutio* afin qu'il soit considéré comme ayant avoué et qu'il n'encoure pas la
double peine : « *ne dupli teneatur.* »

Ulpien refuse aussi la restitution à l'époux qui
aurait encouru le divorce par suite d'un délit considérable.

(1) Loi 9, § 2. IV-IV. Dig.
(2) Ceb. 11, tit. XXV. Code.

La loi 2 au Code (1) refuse la restitution au mineur qui a trompé quelqu'un en contractant, en se faisant passer pour majeur. Mais si celui contre qui il demande la restitution était lui-même de mauvaise foi, alors, dit Woët (2), il faudra accorder la restitution au mineur : « *melior esse debet minoris de damno evitando agentis conditio, quam majoris lucrum captantis.* »

Si un majeur de vingt ans, mineur de vingt-cinq, s'est laissé vendre pour partager le prix d'achat, il n'obtiendra point le bénéfice de la *restitutio in integrum* : « *et hoc merito*, dit Papinien (3), *quoniam res nec capit restitutionem, cùm statum mutat.* »

La restitution n'est point accordée au mineur qui a acheté un esclave, à la condition de l'affranchir. Si l'esclave a été affranchi, il est définitivement libre. Ulpien dit en effet (4) : « *adversus libertatem quoque minori a prætore subveniri impossibile est.* »

Le mineur ne peut point non plus obtenir la restitution contre le fait de son mariage : « *Quippe*, dit Woët (5), *quod omnis vitæ consortium et individuam ex conjugum voto consortionem adeoque favorabilius est quam ut ætatis obventu resolvetur.* »

On n'accordera point la restitution au mineur qui a prêté serment de ne point attaquer l'acte qu'il a fait.

(1) Liv. II. tit. XLIII. Code.
(2) *Ad Pandectas*, tome I, p. 275.
(3) Loi 9, § 4. IV-IV. Dig.
(4) Loi 9, § 6. IV-IV. Dig.
(5) *Ad Pandectas*, tome I, p. 276.

Cette disposition est insérée dans un rescrit d'Alexandre qui fait l'objet de la loi I, livre II, titre 28 au Code.

Le mineur n'est pas non plus restituable contre la négligence qu'il a mise à tirer vengeance d'un délit (1).

CHAPITRE III

Procédure et Effets de la « Restitutio in integrum. »

SECTION PREMIÈRE

PROCÉDURE

Disons tout d'abord quels étaient les magistrats appelés à prononcer sur la *restitutio in integrum*. A l'origine, c'était pour Rome et l'Italie le préteur, et le préteur seul; pour la province, le *præses* ou lieutenant. Le droit de la prononcer n'appartenait jamais aux magistrats municipaux, et quand une demande en restitution se présentait incidemment à un procès, dit M. de Savigny (2), le *judex* nommé par le préteur ne pouvait pas en connaître; elle devait toujours être portée devant le préteur lui-même.

(1) Loi 37. IV-IV. Dig.
(2) *Droit romain*, tome VII, page 221.

Sous la législation impériale, le pouvoir d'accorder la restitution demeura encore le privilège des hautes magistratures. Mais le nombre des magistrats investis de cette juridiction augmenta peu à peu. Woët déclare (1) qu'un magistrat pouvait toujours restituer contre la sentence d'un magistrat inférieur ou égal, et même contre sa propre sentence, mais jamais contre celle d'un magistrat supérieur. L'empereur seul pouvait restituer contre une sentence rendue par lui (2).

Voyons maintenant quelle était la procédure de la *restitutio in integrum*.

« La procédure, dans son ensemble, dit Keller (3), a pour objet, en général, de maintenir l'état de droit existant et de faire cesser au contraire, de ramener à la règle l'état de fait, toutes les fois que celui-ci se trouve en opposition avec le premier. » La *restitutio* faisait exception à cette règle. Il n'est donc pas étonnant que la procédure subisse les dérogations que la *restitutio* apporte à la règle générale. Cependant ces dérogations à la procédure ordinaire ne donnent lieu à aucune difficulté. La demande en restitution est présentée de la même manière qu'une action ou une exception ordinaire, soit comme principale, soit comme incidente à un autre procès.

Celui qui a droit à la restitution peut la demander

(1) Woët, *ad Pandectas*, tome I, page 231.
(2) Loi 18, IV-IV. Dig.
(3) Keller, *Procédure des actions chez les Romains*, page 360.

en personne ou par l'intermédiaire d'un mandataire muni, à cet effet, d'une procuration spéciale. Un mandataire qui n'aurait qu'une procuration générale ne pourrait point faire cette demande.

La demande n'est valablement faite que si l'adversaire a été régulièrement cité et qu'il comparait. Mais il peut se faire représenter dans tous les cas par un procureur qui est tenu de fournir comme les autres la caution *ratam rem domini habiturum.*

Le préteur qui était saisi de la question pouvait ou bien prononcer l'*in integrum restitutio sola cognitione,* c'est-à-dire examiner lui-même s'il y avait lieu de l'accorder pour rétablir immédiatement l'état antérieur (ce qui arrivait fréquemment quand le mineur demandait à être restitué contre une déchéance), ou bien, il pouvait prononcer lui-même sur la question de restitution, et envoyer les parties devant un juge avec une formule d'action rescisoire ou restitutoire.

Donc, la restitution pouvait être obtenue de deux manières différentes, par la *cognitio arbitraria* appelée aussi *judicium rescindens,* auquel cas tout était terminé par la décision du préteur : ou bien par le *judicium rescissorium* qui avait lieu quand la *restitutio* prononcée n'avait point levé tous les obstacles, mais avait fait recouvrer un droit dont l'exercice devait permettre le rétablissement d'un état antérieur (1).

De ces deux procédures, quelle était celle qui était le plus habituellement employée? Il est fort difficile

(1) Loi 13 § 1. IV-IV, Dig.

de répondre à cette question et M. de Savigny se
montre fort réservé à cet égard. Les auteurs qui ont,
avant lui, traité cette matière ne paraissent pas mieux
renseignés. Quoi qu'il en soit sur cette difficulté, on
peut dire que, dans les cas où les deux systèmes de
procédure étaient possibles, le préteur devait employer
celui qui paraissait le plus avantageux pour le
mineur; mais la *sola cognitio* dut probablement l'emporter et survivre quand la procédure formulaire fut
tombée en désuétude. Le magistrat avait toujours le
droit de déléguer à des juges le pouvoir de trancher
telle ou telle question : mais quand il avait pris connaissance de l'affaire, il est fort probable qu'il la jugeait lui-même.

SECTION II

EFFETS DE LA *Restitutio in integrum.*

Le principe général en cette matière est que les
parties, après la *restitutio*, doivent se trouver dans le
même état de fait qu'avant de passer le contrat :
« *Restitutio ita facienda est*, dit Paul, *ut unusquisque
in integrum jus suum recipiat* (1); et l'empereur Antonin ajoute : (2) « *Qui restituitur in integrum, sicut in
damno morari non debet, ita nec in lucro ; et ideo*

(1) Paul, loi 24, § 4, IV-IV. Dig.
(2) Loi 1, II-XLVIII. Code.

quidquid ad eum pervenit, vel ex emptione, vel ex venditione, vel ex alio contractu, hoc debet restituere. »

Appliquons ce principe à quelques hypothèses prévues par les textes.

Et d'abord, si un mineur fait une vente désavantageuse, il recouvrera, au moyen de la *restitutio*, nonseulement la chose vendue, mais encore les fruits qu'elle a portés dans l'intervalle: « *Jubeat prætor emptorem fundum cum fructibus reddere, et pretium percipere* » (1).

Si le mineur a dissipé le prix qu'on lui a payé, et si l'acheteur, en le payant, a su ce qu'il faisait, rien ne lui est dû; car l'acheteur pouvait raisonnablement prévoir ce résultat. Paul fait remarquer (2) que ce résultat s'obtient plus difficilement dans le cas de vente que dans le cas de prêt; en effet, si l'on n'est jamais forcé de prêter, on est toujours obligé de payer au vendeur le prix qui lui est dû: « *quia æs alienum ei solvitur, quod facere necesse est ; credere autem necesse non est* ».

La même règle s'appliquera à une acquisition désavantageuse pour le mineur. Il devra rendre la chose avec les fruits qu'elle a portés, et le vendeur devra rembourser le prix de la vente.

Quand le mineur a substitué à son débiteur un débiteur moins solvable, la restitution lui rend son ancienne action contre son ancien débiteur (3).

(1) Loi 24. § 4. IV-IV. Dig.
(2) Loi 24, § 4, *cod. tit.*
(3) Loi 27, § 3, *eod. tit.*

Au cas d'acceptilation désavantageuse faite par le mineur, la *restitutio* lui rend tous ses droits, tant contre les débiteurs que contre les cautions, et lui permet même de recouvrer les gages qu'il a constitués.

D'après ce que nous venons de dire à propos d'une novation ou d'une acceptilation désavantageuse, on voit que la *restitutio in integrum* fait revivre toutes les obligations, non seulement du débiteur principal, mais encore de toutes les cautions, comme le dit d'ailleurs la loi 27, § 2 : « *Et si ex duobus reis alteri acceptum tulerit, in utrumque restituenda est actio.* » Si la restitution ne faisait revivre que l'obligation du débiteur principal, le mineur ne se trouverait point dans le même état qu'avant l'acceptilation ou la novation ; les garanties qu'il avait antérieurement seraient amoindries, ce qui serait évidemment contraire au principe posé par Paul dans la loi 24, § 4, IV-IV.

La *restitutio* obtenue par le mineur contre une transaction a pour effet de rétablir tant les adversaires du mineur que le mineur lui-même dans l'exercice des actions et exceptions dont ils auraient pu se prévaloir avant la transaction.

Si le mineur se fait restituer contre une adition d'hérédité, il est tenu de rendre ce qui la composait à ceux à qui elle appartient. Et ceux-ci devront lui tenir compte, sans indemnité, des legs qu'il a acquittés et des affranchissements qu'il a faits. Nous savons, en effet, que l'esclave devenu libre ne peut plus retomber en esclavage, par ce fait seul que la *restitutio* a été obtenue par le mineur. Ajoutons, cependant, que si le mineur n'a fait adition d'hérédité que pour causer un préjudice quelconque à ceux qui, à son défaut, doivent recueillir la succession, il devra leur payer une indemnité : « *deceptis non decipientibus subvenit prætor* ».

Si le mineur se fait restituer contre son abstention ou sa répudiation, le seul fait de la restitution ne le rendra pas héritier, si un autre a fait adition: *semel heres, semper heres*. Seulement, il sera traité comme s'il était réellement héritier, et la restitution lui donnera, à titre d'actions utiles, toutes les actions qu'il auraient eues comme héritier; « c'est-à-dire que la restitution crée, dit M. de Savigny, un droit de succession fictif ». C'est, en effet, en vertu d'une pure fiction qu'il exercera comme héritier les actions qu'il n'aurait pu intenter sans le bénéfice de la *restitutio in integrum*.

La loi 7, § 10 (1), prévoit une hypothèse qui se rapporte un peu à celle que nous venons d'étudier : la voici. Un mineur a été institué héritier, et un esclave lui est substitué comme héritier nécessaire. Le mineur ayant répudié l'hérédité, l'esclave substitué est devenu héritier à sa place, et, par conséquent, libre. Mais si le mineur ayant d'abord fait adition s'est abstenu, l'esclave qui lui a été substitué ne peut ni rester héritier, ni devenir libre. Telle est l'hypothèse prévue par Papinien. Ulpien déclare que cette solution n'est pas complètement exacte: « *non per*

(1) IV-IV, Dig.

omnia verum est », dit-il, car l'empereur Antonin décide que, dans ce cas, le mineur s'abstenant, il faudra appeler l'héritier qui lui a été substitué.

La loi 9 (1) prévoit encore une hypothèse différente, c'est celle où un mineur a été condamné par un jugement à donner à son créancier un gage que, dans la suite, celui-ci a vendu; puis le mineur a été restitué *in integrum* contre ce jugement. Sur ce point, se pose la question de savoir si la vente de ce gage doit être résolue. A cette question, il faut répondre avec la loi 9 que le prix de la vente de la chose constituée doit être rendu au mineur, et s'il a grand intérêt à rentrer en possession de la chose elle-même, c'est-à-dire si cette perte lui causait un trop grand préjudice : « *si grande damnum sit minoris* », il faudrait lui permettre de la reprendre.

Demandons-nous maintenant si la restitution laissait subsister, à la charge du mineur, une simple obligation naturelle, même en l'absence de tout enrichissement. Sur ce point, nous n'hésitons pas à déclarer, avec M. Machelard (2), que la restitution laisse subsister l'obligation naturelle. En effet, on peut dire, et cela est certain, que l'on maintenait l'obligation des débiteurs qui s'étaient engagés pour le mineur de vingt-cinq ans. Or, comment pourrait-il se faire qu'une obligation accessoire existât, s'il n'existait pas une obligation principale qui lui servît de fonde-

(1) *Eod. tit.*
(2) Machelard, *Oblig. nat.*

ment et qui fut sa raison d'être ? De plus, on ne peut pas contester que la capacité du mineur de vingt-cinq ans soit supérieure à celle du pupille qui s'oblige *sine auctoritate tutoris*. Eh bien, la plupart des auteurs admettent que, même dans ce cas, le pupille reste obligé naturellement, même en l'absence de tout enrichissement. Or, si l'on admet cette solution à l'égard du pupille qui s'oblige *sine auctoritate tutoris*, pourquoi ne pourrait-on pas l'admettre à l'égard du mineur de vingt-cinq ans ?

Nous nous trouvons, sur cette question, en présence des textes les plus contradictoires. Les uns (1) déclarent qu'il n'y a pas même obligation naturelle. Les autres, empruntés à Papinien et à Paul, déclarent, au contraire, que l'obligation naturelle subsiste. Parmi les différentes opinions qui ont prévalu à diverses époques, celle de Doneau (2) mérite d'être mentionnée. Ce savant auteur déclare que, pour savoir si un mineur qui a contracté s'est obligé, il faut distinguer s'il est *infantiæ proximus* ou *pubertati proximus*. Au premier cas, il n'y a pas obligation naturelle ; au second cas, elle subsiste. Et il explique la divergence des textes en disant que ceux qui décident qu'il n'y a pas d'obligation naturelle supposent le cas d'un pupille qui est *infantiæ proximus*, tandis que ceux qui décident qu'il y a obligation naturelle supposent qu'il est *pubertati proximus*. Cette opinion a été rejetée et

(1) Loi 41, XII, VI, Dig.

(2) Sur la loi 127, *de Verborum obligat*.

elle devait l'être parce que la distinction qu'elle établit dans l'âge des pupilles n'a été faite et admise que pour savoir si leur dol devait ou non leur être imputable.

M. Machelard pense, au contraire, que le mineur est toujours obligé naturellement, même au cas où il ne se serait pas enrichi.

Comment opèrent les effets de la *restitution?* Est-elle *in rem* ou *in personam?* S'exerce-t-elle seulement contre des personnes déterminées ou bien contre des personnes indéterminées, dont on ne pouvait point prévoir la mise en cause lors de la lésion, telles que des tiers détenteurs?

Nous avons déjà dit un mot de la question à propos de la nature de la *restitutio in integrum.* Nous devons y revenir. Sur ce point, nous empruntons à M. de Savigny (1) les développements qu'il consacre à cette question. Disons, tout d'abord, qu'un texte de Paul (2) et un autre d'Ulpien (3) décident qu'elle peut avoir ces deux effets, et qu'elle est tantôt *in rem,* tantôt *in personam.* Certains auteurs formulent un principe évidemment trop absolu quand ils disent que la *restitutio in personam* constitue la règle, et la *restitutio in rem,* l'exception.

La restitution peut s'exercer au profit d'un mineur contre une usucapion accomplie à son préjudice. Ici elle agira *in rem,* c'est-à-dire contre tout possesseur

(1) *Droit romain,* tome VII.
(2) Paul. *Sent.,* liv. I., tit. VII, § 4.
(3) Ulpien. Loi 13, § 1. IV-IV. Dig.

de la chose usucapée. Il en sera de même de la restitution contre l'acceptation ou la répudiation d'une succession.

Mais en matière de contrats, le principe est tout à fait différent. Ici, la restitution ne peut s'exercer que contre celui avec qui le mineur a contracté, et alors elle est évidemment *in personam* et n'atteint les tiers que par exception. Il en est ainsi en matière de vente. Le mineur ne pourra réclamer la restitution que contre l'acquéreur, à moins que le détenteur actuel ne soit de mauvaise foi, ou que le premier acquéreur soit devenu insolvable.

Nous devrons encore adopter la même solution lorsque le mineur, condamné à payer une dette, voit ses biens saisis et vendus comme gage du paiement. En effet, cet acte est considéré comme émanant du mineur lui-même. Et si la condamnation vient à être annulée par la restitution, le mineur devra réclamer au créancier seul la somme payée en exécution de la sentence, à moins que, la perte de la chose lui causant un préjudice trop grave, il ne se fasse rendre par le possesseur la chose elle-même.

CHAPITRE IV

Comment se perd le bénéfice de la « Restitutio in integrum. »

Il pouvait arriver, par suite de l'intervention d'évènements postérieurs, que le mineur ne pût faire valoir ses droits. Parmi ces évènements divers, on peut ranger le désistement et la prescription. Nous allons les examiner et les étudier séparément

I. *Désistement.* — Il faut, pour qu'il y ait désistement, que le titulaire renonce à son droit : « *Destitisse videtur, non qui distulit, sed qui liti renuntiavit in totum* » (1). Une simple interruption de poursuites ne suffirait donc pas pour faire supposer le désistement. Occupons-nous donc de ce genre d'actes dont on peut induire une renonciation, un désistement. Mais remarquons d'abord que tout acte exprès ou tacite de renonciation doit émaner du mineur devenu majeur; autrement un pareil acte, étant infecté du même vice que l'acte principal et étant lui-même sujet à restitution, ne pourrait pas faire perdre au mineur le droit d'attaquer l'acte principal. Le premier cas de renonciation

(1) Loi 21. IV-IV. Dig.

est prévu par Papinien (1). Un fils émancipé ayant négligé de demander au préteur la *bonorum possessio contra tabulas* a d'abord demandé la *restitutio* contre cette omission, puis réclamé, après sa majorité, un legs qui lui était fait dans le testament de son père. Papinien déclare que le mineur est censé renoncer à la *restitutio*, car, en agissant ainsi, il a approuvé le testament de son père.

Mais Ulpien démontre (2) qu'on ne devra point voir une renonciation dans un pareil acte, si l'acte fait pendant la majorité n'est que la conséquence forcée de ce qui a été fait pendant la minorité. Voici l'hypothèse : Un mineur de vingt-cinq ans s'était immiscé dans la succession de son père et, devenu majeur, avait poursuivi les débiteurs de la succession. Il demandait ensuite à être restitué contre cette immixtion. Mais on lui opposa l'acte de ratification accompli pendant sa majorité : « *Contradicebatur ei quasi major factus, comprobasset quod minori sibi placuit.* » Et Ulpien pense qu'il ne faut voir dans ce fait que la conséquence d'un acte accompli en temps de minorité et qu'il faut s'attacher spécialement au début de l'affaire (*initio inspecto*).

Le mineur aura toujours droit à la restitution contre ses propres actes, même quand ces actes n'auraient pas été achevés à l'époque de sa majorité. Mais dans ce cas, la restitution sera accordée plus diffici-

---

(1) Loi 30, *eod. tit.*
(2) Loi 3, § 2, IV-IV. Dig.

lement. Un mineur de vingt-cinq ans, dit Ulpien, ayant intenté l'action de tutelle contre l'héritier de son tuteur, celui-ci avait été absous en vertu d'un jugement rendu seulement après la majorité de l'ex-pupille et la question de restitution s'éleva à propos de ce jugement. Ulpien ajoute qu'il n'y a pas lieu d'accorder la restitution, à moins que l'adversaire du mineur n'ait usé de ruse pour traîner l'affaire en longueur, et en reporter le jugement après l'époque de la majorité, car, dans ce cas particulier, c'est au temps de la minorité que remonterait la lésion. En dehors de cette hypothèse spéciale, il n'y pas lieu à la restitution, lorsque la sentence a été rendue après la *legitima ætas* et la loi I au code (1) s'exprime formellement sur ce point quand elle dit : « *Cæterum si post legitimam ætatem sententia prolata est, iterato eamdem actionem de eisdem speciebus conferre non potestis.* »

Disons enfin, en terminant, et pour nous résumer, que si l'acte extinctif du droit de restitution qui intervient le plus fréquemment réside dans la ratification, *comprobatio, ratihabitio*, on peut aussi induire l'intention de renoncer au droit d'un acte tout à fait incompatible avec la restitution que le mineur pouvait demander.

II. *Prescription.* — A Rome, la prescription courait contre l'*in integrum restitutio*, soit qu'elle eût

___

(1) Liv. II, tit. XXVII.

pour but de faire recouvrer une action, soit qu'elle eût pour but de faire recouvrer une exception. C'est ce qui constitue précisément la différence entre la restitution et les exceptions proprement dites, contre lesquelles la prescription ne courait point.

Une exception, en effet, ne pouvant avoir sa raison d'être et son utilité que lorsque le demandeur intentait l'action, on ne pouvait pas accuser le défendeur de négligence quand il avait laissé passer un laps de temps plus ou moins long sans faire valoir une exception : « *Quæ temporalia sunt ad agendum, perpetua sunt ad excipiendum.* »

Quelle était donc la durée de l'*in integrum restitutio?* La loi 19 au Digeste (1) nous dit que le délai avait été fixé à une année utile. Pour les mineurs, ce délai s'appelle *legitimum tempus*, sans doute parce qu'il a été emprunté à la loi Plætoria pour être appliqué à la restitution. Constantin modifia ce délai et le fixa à cinq années continues pour Rome et un mille de Rome, quatre années pour l'Italie et trois années seulement pour la province. Cette prescription ne commençait à courir que du jour où le mineur avait accompli sa vingt-cinquième année ou avait obtenu la *venia œtalis*. Il en était toujours ainsi, quand même le mineur aurait pu se faire restituer avant l'époque de sa majorité; en effet, cette première restitution aurait été elle-même sujette à restitution à l'époque de la majorité.

(1) Liv. IV, tit. IV.

Il fallait aussi que cette prescription ne fût point interrompue. Or, l'interruption pouvait résulter de l'usage que faisait la partie lésée de son droit à la restitution; ainsi, la demande de restitution adressée au préteur était par elle seule une cause d'interruption de la prescription.

Nous ferons remarquer que cette prescription s'appliquait seulement à la demande en restitution et non pas, quoi qu'en disent certains auteurs, aux actions qui pouvaient être données à la suite de la restitution.

Ces diverses actions, en effet, doivent être régies par les règles admises en matière de prescription des actions, et la prescription ne commence à courir contre elles que du jour où la restitution a été accordée.

Si un majeur succède à une personne qui avait droit à la restitution, il n'a plus pour former sa demande que le délai qui restait encore au titulaire de ce droit. Mais si le successeur est un mineur, il faut distinguer si le titulaire était majeur ou mineur à l'époque où il a transmis son droit : était-il mineur, le successeur aura, au jour de sa propre majorité, le délai tout entier : était-il majeur, le successeur n'aura, à partir de sa propre majorité, que la portion de délai qui restait à courir à l'époque où il a succédé (1).

(1) Loi 19, IV-IV. Dig? — Loi 5, § 1. II-LIII, Code. Paul. *Sent.* liv. I, tit. IX, § 4.

Telle était la condition du mineur de vingt-cinq ans, telle que l'avait comprise la législation préto-rienne. Elle subit, nous l'avons déjà dit, de grandes modifications sous les constitutions des empereurs. C'est l'examen de cette période législative qui cons-titue l'objet de notre troisième partie.

TROISIÈME PARTIE

CHAPITRE Iᵉʳ

Constitution de Marc-Aurèle.

§ Iᵉʳ. — *Établissement d'un curateur général permanent.*

Nous avons déjà vu, par l'examen de nombreuses hypothèses, combien étaient rigoureuses et absolues les applications de la *restitutio in integrum*, et ce que nous en avons dit plus haut suffit à démontrer que ce bénéfice avait singulièrement dépassé le but que s'était proposé le préteur en le créant. Dans la crainte de se voir opposer à chaque instant la *restitutio*, personne ne voulait plus traiter avec le mineur. Le débiteur, quoiqu'il eût un intérêt immédiat à se libérer, n'osait point effectuer le paiement de peur d'être obligé de payer une seconde fois, et le mineur lui-même, victime de cette prudence forcée, perdait bientôt tout crédit.

On comprit de bonne heure qu'il valait mieux prévenir le mal par de sages mesures que de le réparer

par des moyens violents, et concilier les intérêts de
tous que de les mettre en lutte. Aussi l'empereur
Marc-Aurèle décida-t-il que tous les mineurs de vingt-
cinq ans, qui le demanderaient, recevraient un curateur sans avoir à justifier de motifs. La constitution
qui consacra cette innovation si importante ne nous est
révélée que par le passage suivant de Julius Capitolinus, historien de cet empereur (1) : « *De curatoribus
vero, cum ante non nisi ex lege Plætoria, vel propter
lasciviam, vel propter dementiam darentur, ita statuit ut
omnes adulti adolescentes curatores acciperent, non redditis causis.* » D'où il résulte qu'avant cette constitution
il n'existait de curatelle, à part celle des fous et des prodigues, que pour les mineurs *redditis causis*, c'est-à-
dire pour un cas spécialement déterminé. L'innovation de Marc-Aurèle consiste donc en ce que la
minorité de vingt-cinq ans fût considérée comme
une cause suffisante pour établir une curatelle ayant
lieu, *non redditis causis*. Mais cette curatelle était-elle
facultative ou était-elle donnée, imposée à tous les
mineurs indistinctement, comme au prodigue et au
fou? C'est une question sur laquelle on a trop discuté
pour que nous ne donnions point une idée de la
controverse. La solution est loin d'être sans difficulté, car, dans l'un comme dans l'autre système,
on trouve des textes sur lesquels les opinions les
plus divergentes peuvent raisonnablement s'appuyer.
Celle qui enseigne que les mineurs de vingt-cinq

(1) Julius Capitolinus, *Vita Marci-Antonii*, cap. X.

ans ne recevaient de curateurs que sur leur demande s'appuie sur les textes suivants : « *Inviti adolescentes curatores non accipiunt, præterquam in litem* (1). *Minoribus annorum desiderantibus, curatores dari solent* (2). *Curatores autem minores sibi ipsis petent, siquidem adfuerit per seipsos ; siquidem abfuerit per aliquis eorum, petet per procurationem* (3). »

Comme on le voit, cette opinion est appuyée sur des textes formels. C'est aussi la plus répandue, parce qu'elle paraît la plus rationnelle, et nous n'hésitons pas à l'adopter. Cependant, on n'a pas manqué d'apporter des arguments à la défense de l'opinion contraire. Nous les trouvons réunis dans une dissertation de Conrad Crusius, sur la constitution de Marc-Aurèle, et nous croyons inutile de les développer (4).

L'innovation de Marc-Aurèle fit probablement tomber en désuétude le *judicium publicum rei privatæ,* établi par la loi Plætoria.

Le principe *inviti adolescentes curatores non accipiunt* souffrait des exceptions qui, dans le dernier état du droit, paraissent être au nombre de quatre.

1° Le mineur qui sort de tutelle ne peut pas recevoir les comptes de son tuteur, tant qu'il ne s'est pas fait nommer un curateur. Le tuteur doit même pren-

(1) *Instit.* liv. I, tit. XXIII, § 2.
(2) Loi 13, § 2. XXVI-V. Dig.
(3) Loi 2, § 4 et 5. XXVI-VI. Dig.
(4) *Dissertatio ad constitutionem dici Marci, Conradi Crusii. — Jurisprudentia antiqua de Fattemberg,* tome II, page 575.

dre auprès du magistrat l'initiative de cette demande.
Si, par la faute du tuteur, le mineur agissait seul, le
tuteur serait tenu, par l'action *tutelæ directa*, de
toutes les négligences qui auraient abouti à la ruine
ou tout au moins à l'appauvrissement du mineur :
« *Si tutor pupillum suum puberem factum non admonuerit,
ut sibi curatorem peteret (sacris enim constitutionibus hoc
facere jubetur), qui tutelam administravit, etc. (1)* »

2° Le mineur qui a un procès à soutenir comme
demandeur ou comme défendeur doit également se
faire nommer un curateur. S'il plaide avec l'assistance de son curateur, la *restitutio in integrum* ne lui
sera accordée que si le curateur, devenu plus tard
insolvable, rend inutiles les poursuites dirigées contre lui.

3° Le mineur qui est créancier doit se faire nommer un curateur pour recevoir l'argent qui lui est dû.
Le débiteur qui paie entre les mains du mineur qui
n'est pas assisté de son curateur court, nous le
savons, le risque de payer une seconde fois (2).

4° Enfin le mineur qui est atteint d'aliénation men-
tale devra forcément être pourvu d'un curateur ;
mais ce sera seulement à titre de mineur et non pas
à titre de fou : « *quia magis ætati quam dementiæ tantisper
est consulendum* », dit la loi 3 § 1 (3). Donc, ce principe
entraîne exclusion de la curatelle légitime des

(1) Loi 5 § 5. XXVI-VII. Dig.
(2) Loi 7 § 2. IV-IV. Dig.
(3) Loi 3 § 1. XXVI-I, *de Tutelis*, Dig.

agnats, et la faculté pour le magistrat de nommer lui-même le curateur. Il est facile d'expliquer cette dernière disposition. La loi des Douze-Tables mettait le fou sous la protection de ses agnats, et cette curatelle leur était dévolue dans leur intérêt personnel et exclusif. Plus tard, l'esprit de la législation se modifia par suite des progrès des mœurs, et les pouvoirs protecteurs que l'on créa furent organisés en vue des intérêts de l'incapable.

§ 2. — *Fonctions de ce curateur.*

I.— Le curateur du mineur de vingt-cinq ans devait toujours être nommé par le magistrat : « *Dantur curatores ab iisdem magistratibus a quibus et tutores; sed curator testamento non datur* (1). Tel était le principe général en cette matière. Mais, en vertu de quel pouvoir le préteur ou le magistrat nommait-il les curateurs? Ulpien nous l'indique (2) : « *Tutoris datio neque imperii est, neque jurisdictionis; sed ei soli competit cui nominatim hoc dedit vel lex, vel senatus-consultum, vel princeps.* »

Si le curateur était nommé dans le testament du père, le préteur confirmait toujours cette nomination sans recourir à une enquête (3). Mais si le curateur avait été nommé par le testament de la mère, le pré-

(1) *Instit.*, liv I, tit. XXIII, § 1.
(2) Loi 6 § 2. XXVI-I. Dig.
(3) Loi 6. XXVI-III. Dig.

teur ne le confirmait qu'après une enquête : « *Sed et si curator a matre testamento datus sit filiis ejus, decreto confirmatur ex inquisitione* (1).

II. — De même que le tuteur, le curateur qui entrait en fonctions devait fournir la caution *rem pupilli vel minoris ratam fore :* il devait, en outre, procéder à un inventaire.

L'obligation de faire inventaire était toujours exigée; celle de fournir la caution *rem pupilli salvam fore* ne lui était imposée que dans certains cas (2).

Après avoir rempli ces différentes formalités, le curateur prenait définitivement en main l'administration du patrimoine du mineur. Il avait sur les biens du mineur les pouvoirs que le tuteur avait sur ceux du pupille. Il pouvait faire seul les actes intéressant le mineur, *negotia gerere*, faire intervenir le mineur dans l'acte et *consensum accomodare* (3).

L'attribution de ces différents pouvoirs ressort du texte d'Ulpien qui met sur la même ligne le tuteur et le curateur.

Le curateur reçoit le paiement des sommes dues au mineur et peut même aliéner les biens pour lesquels, depuis la constitution de Septime Sévère, une autorisation spéciale du préteur urbain n'est plus nécessaire.

(1) Loi 2 § 1. *eod. tit.*
(2) Gaius, *Comm.* 1 § 199-200. — Loi 4 § 8. XLVI-VI. Dig.
(3) Loi 1 §§ 3 et 4. XXVI-VII. Dig.

Le *consensus curatoris* diffère, quant aux formes, de l'*auctoritas tutoris*. On n'est pas aussi sévère sur la manière de l'exprimer. L'*auctoritas tutoris* est un acte solennel qui doit être fait selon les termes même de la loi, sans y rien changer, et qui doit intervenir au moment même de la convention. Au contraire, le *consensus curatoris* peut être donné d'une façon quelconque et intervenir même après l'acte. De plus, l'*auctoritas tutoris* est destinée à habiliter une personne qui, en droit civil, est tout à fait incapable et qui ne peut être tenue, quand elle a agi *sine auctoritate tutoris*, que naturellement, tandis que le *consensus curatoris* est une simple précaution destinée à empêcher un individu capable, au point de vue civil, de compromettre son patrimoine par suite de son inexpérience. L'absence de cette formalité n'entraîne point la nullité de l'acte, mais peut donner ouverture à l'*in integrum restitutio*.

Telles sont les fonctions de ce curateur, et la nature de ce *consensus* exigé pour la pleine validité de l'acte. Il sera maintenant plus facile d'examiner en détail la capacité du mineur.

§ 3. — *Capacité du mineur.*

Nous avons vu plus haut que, sauf quatre exceptions principales, les mineurs de vingt-cinq ans ne recevaient de curateur que tout autant qu'ils en faisaient la demande, et de là, il résulte que l'on peut distinguer deux classes de mineurs : 1° ceux qui.

étaient munis d'un curateur général et permanent ;
2° ceux qui n'en étaient pas munis. Nous allons examiner successivement les principales différences qui
existent entre la capacité juridique de ces deux classes
de personnes.

I. — Les mineurs qui n'ont point de curateur se
sont jugés capables d'administrer eux-mêmes leur
propre patrimoine. C'est une présomption dont il faudra tenir compte pour apprécier l'étendue de leurs
pouvoirs et la mesure de leur capacité. Ils conservent
intacte toute leur capacité civile. Seuls, ils peuvent
faire tous les actes qu'ils considèrent comme conformes à leurs intérêts et propres à augmenter leur patrimoine. S'ils sont lésés dans l'accomplissement de
ces différents actes, ils peuvent obtenir la *restitutio in
integrum*, qui, une fois prononcée, empêche les créanciers d'intenter une action civile contre le mineur.
Telle est, en résumé, la condition du mineur qui ne
s'est point fait nommer un curateur.

II. — Quant au mineur qui a cru devoir se faire
nommer un curateur, la situation n'est plus la même.
S'il s'est entouré des précautions que la loi accorde
toujours, en un mot, s'il s'est fait nommer un curateur
pour l'assister dans les différents actes de la vie civile, c'est qu'il s'est jugé incapable de s'occuper seul
et par lui-même de la gestion de ses affaires. Il faudra donc se placer à un point de vue tout différent
pour apprécier sa capacité et délimiter l'étendue de

ses pouvoirs. Mais ici commence la discussion sur le point de savoir comment il faudra apprécier cette capacité. Les textes contradictoires qui se trouvent insérés dans les compilations de Justinien ont donné lieu à une controverse fort importante sur laquelle nous devons insister. Cette controverse repose sur la loi 101 au Digeste, *de verborum obligationibus* (1) et sur la loi 3 au Code *de in integrum restitut.* (2) C'est de la divergence même de ces textes qu'est née la difficulté d'interprétation.

La loi 101 est ainsi conçue : « *Puberes sine curatoribus suis possunt ex stipulatu obligari.* »

La loi 3, au Code, s'exprime, au contraire, en ces termes : « *Si curatorem habens minor quinque et viginti annis post pupillarem œtatem, res vendidisti, hunc contractum servari non oportet. Cum non absimilis ei habeatur minor curatorem habens, cui, a prœtore curatore dato, bonis interdictum est : Si vero sine curatore constitutus contractum fecisti, implorare restitutionem in integrum, si necdum tempora prœfinita excesserunt, causâ cognitâ non prohiberis.* »

Ces deux textes, on le voit, émettent deux principes diamétralement opposés; on a essayé de les concilier de différentes manières. Certains auteurs, altérant le texte de la loi 101, ont voulu remplacer *obligari* par *obligare*; ce qui signifierait alors que le mineur peut obliger envers lui sans avoir besoin du

(1) XLV-I. Dig.
(2) II-XXII. Dig.

consentement de son curateur; mais cette proposition est tellement évidente qu'il eût été presque naïf de l'insérer dans un texte.

D'autres auteurs, et Doneau (1) en particulier, lisent *non possunt obligari* au lieu de *possunt obligari*, et alors, il n'y a plus de divergence entre les deux textes que nous venons de citer. Mais cette correction ne peut pas être admise parce que rien ne la justifie, et ce n'est pas, d'ailleurs, le seul texte qui s'exprime aussi formellement.

Vinnius fournit une autre explication (2) qui consiste à dire que, d'après le texte, le mineur de vingt-cinq ans, à la différence du pupille, peut s'obliger, encore que son curateur ne soit pas présent au moment même de l'acte, parce que le *consensus curatoris* n'est pas forcément concomitant à l'acte. Mais cette interprétation ne saurait pas plus être admise que les précédentes, parce que le texte de Modestin ne nous autorise pas à supposer qu'il avait l'intention d'établir une différence entre *l'auctoritas* et le *consensus curatoris*. Il résulte, en effet, de certains textes de Gaius et de Paul (3) que le pubère mineur de vingt-cinq ans n'a besoin d'aucune assistance pour s'obliger valablement par ses actes envers une autre personne.

(1) *Comm.*, liv. XII, Chap. XXII, § 50.

(2) Vinnius, *ad Instilut.* sur le titre *de mutilib. stipulat.*, liv. III, tit. XIX, § 3.

(3) Gaius. Loi 145, § 2. XLV-I. Dig. et Paul, loi 43, XLIV-VII. Dig.

Cujas explique à son tour l'antinomie en déclarant que le mineur peut s'obliger, contracter des obligations, mais qu'il ne peut pas, sans l'assistance de son curateur, faire un acte emportant aliénation (1). Cette opinion a été reproduite par M. de Savigny et par Wangerow ; mais elle est inexacte, car les empereurs disent précisément que le mineur qui a un curateur ne diffère point du prodigue interdit ; or, le prodigue interdit ne peut ni aliéner ni même s'obliger, « *cum non absimilis ei videatur minor curatorem habens, cui a prætore curatore dato, bonis interdictum est.* » Il faut donc conclure que le rescrit auquel nous faisons allusion défend également au mineur de vingt-cinq ans pourvu d'un curateur de s'obliger sans le consentement de ce dernier.

Dans l'impossibilité de concilier ces deux textes, nous n'avons qu'à constater leur antinomie, et à admettre avec la plupart des auteurs que la conciliation doit être faite historiquement. C'est l'opinion de M. Machelard (2), de M. Demangeat (3) et de M. Accarias (4). Dans l'origine, on ne défendit pas au mineur pourvu d'un curateur de s'obliger sans le consentement de ce dernier.

La loi 43 (5) au Digeste dit, en effet : « *Obligari potest pater familias, suæ potestatis, pubes, mentis com-*

(1) Loi 3, *de in integ. rest.* Code.
(2) Machelard, *Oblig. nat.*, page 203.
(3) Demangeat, *Cours de Droit romain*, page 305.
(4) Accarias, *Précis de droit romain*, t. I, p. 373 et 374, note.
(5) Loi 43, *de verb. obligat.* XLIV-VII. Dig.

pas », et Gaius dit aussi (1) : *Pubes vero qui in potestate est, proinde ac si pater familias esset, obligari solet.* » Dioclétien et Maximien, au contraire, posent dans leur rescrit un principe tout nouveau, découlant des modifications successives apportées à la condition du mineur de vingt-cinq ans. Du moment où l'on admettait que certains mineurs se feraient nommer un curateur s'ils ne se jugeaient pas eux-mêmes tout à fait capables, on devait en arriver vite à déclarer incapables ceux qui avaient usé de la faculté que leur accordait la loi. Et c'est précisément ce que fit le rescrit en affirmant la pleine et entière capacité du mineur qui ne s'était point fait nommer un curateur, et en assimilant au prodigue interdit celui qui s'en était fait nommer un. Donc, l'obligation contractée par ce dernier sera nulle, sans qu'il lui soit nécessaire de demander la *restitutio in integrum*. Ainsi, avant la constitution, si un pubère mineur de vingt-cinq ans, pourvu d'un curateur, avait fait seul un acte, il pouvait se faire restituer. Depuis la constitution, s'il a fait un acte sans l'assistance de son curateur, il pourra en demander la nullité. Les résultats de cette distinction sont très importants à mentionner. Il existe entre eux une très grande différence, d'abord au point de vue du temps. Nous savons, en effet, que le mineur ne pouvait demander la restitution que pendant une année utile, et plus tard, pendant cinq années continues ; pour la nullité, au

(1) Loi 141, § 2. XLV-1. Dig.

6

contraire, il pourra l'invoquer à toute époque. Au point de vue de la preuve à faire, la différence n'est pas moins grande : car le mineur qui veut se faire restituer doit prouver la lésion qu'il a subie dans l'acte accompli. Aux termes du rescrit, au contraire, la nullité de l'acte accompli par le mineur seul dérive du fait même de la non-assistance du curateur.

CHAPITRE II

Constitution de Septime Sévère.

La capacité juridique du mineur de vingt-cinq ans n'avait pas encore subi sa complète réglementation. Deux actes législatifs vinrent la modifier sensiblement dans la période qui sépare la constitution de Marc-Aurèle des réformes opérées par l'empereur Justinien. Nous voulons parler d'abord du sénatus-consulte de Septime Sévère. Son but fut de protéger les mineurs contre l'aliénation de leurs biens fonds. Il défendait aux tuteurs comme aux curateurs d'aliéner les *prædia rustica vel suburbana* (1) appartenant à

---

(1) Le sens de ces expressions nous est donné par Ulpien dans la loi 198 au Digeste, L-XVI : « Par *prædia urbana* nous entendons non-seulement les édifices situés dans les villes, mais encore les maisons situées à la campagne et les maisons d'agréments ; car un fonds est urbain, non à raison du lieu, mais à raison de la destination. » D'après ce texte, les *prædia rustica* sont donc les fonds de terre et les maisons affectées à une exploitation agricole.

des mineurs sans l'autorisation du préteur qui serait, dans tous les cas, juge de l'opportunité de l'aliénation ou de l'hypothèque. Cette autorisation était accordée, notamment lorsque les parents avaient consenti à l'aliénation dans un testatement ou dans un codicille (1), ou bien encore quand le mineur avait des dettes à payer, et qu'il n'y avait aucun autre moyen de se procurer de l'argent pour satisfaire les créanciers.

Bien que le sénatus-consulte de Septime Sévère ne fit mention que des aliénations ou des hypothèques consenties par le tuteur ou le curateur, on n'hésita pas à en étendre les dispositions au cas où le mineur aurait agi seul. On étendit jusqu'à lui la prohibition du sénatus-consulte qui ne s'appliquait qu'aux tuteurs et aux curateurs, parce qu'il parut peu logique de permettre aux mineurs seuls de faire des actes qui étaient complètement interdits aux mineurs assistés de leurs curateurs.

Étendant encore la prohibition, Constantin décida qu'aucun bien, meuble ou immeuble, appartenant à un pupille ou à un mineur de vingt-cinq ans, ne pourrait être aliéné par le tuteur ou le curateur sans un décret spécial du préteur, à l'exception, toutefois, des vêtements et des animaux inutiles.

En dehors des exceptions que nous avons mentionnées plus haut, toute vente était nulle. De même,

(1) Loi 1, § 2. XXVII-IX. Dig.

était nulle la vente faite en vertu d'un décret du préteur, si ce magistrat avait été induit en erreur, *obreptus* (1). Le mineur pouvait intenter, contre tout tiers détenteur, une action en revendication : « *Et magis est ut in rem detur, non in personam actio.* »

Dans le droit de Justinien, la nullité des aliénations des hypothèques consenties contrairement au sénatus-consulte s'éteint par une prescription libératoire de cinq années, délai qui court à partir de la cessation de la minorité : « *Si per quinque continuos annos post impletam minorem ætatem, id est post viginti quinque annos connumeratos nihil conquestus est super tali alienatione, minime posse retractari eam*, etc. (2).» Au cas d'aliénation gratuite, la prescription est de dix ans entre présents et vingt ans entre absents : « *Inter præsentes quidem decennium, inter absentes autem vicennium* (3). »

Quant à la prescription de la restitution elle-même, Justinien modifia la constitution de Constantin (4), et au délai qui variait de trois à cinq ans, suivant qu'il s'agissait de la province, de l'Italie ou de Rome, il substitua un délai unique de quatre années continues (5). Il voulut aussi, non-seulement, que la demande fût formée, mais encore que l'instance fût

---

(1) Loi 5, § 15, XXVII-IX, Dig.
(2) Loi 3, liv V, tit. LXXIV Code.
(3) Loi 5, *hoc tit.*
(4) Loi 5, II-LIII, Code.
(5) Loi 2, *eod. tit.*

entièrement terminée dans ce délai : *ut continuatio temporis observetur ad interponendam contestationem, finiendamque litem* (1).

Nous avons ainsi terminé l'étude de la condition juridique du mineur de vingt-cinq ans aux différentes époques de la législation romaine. Nous entreprenons maintenant celle de la condition du mineur émancipé en droit français, pour laquelle nous jugeons nécessaire auparavant d'étudier ce qu'était le mineur émancipé dans notre ancien droit.

(1) Loi 7, *eod. tit.*

DROIT FRANÇAIS

De la condition du mineur émancipé.

CHAPITRE PREMIER

Notions historiques.

§ 1ᵉʳ. — *Législation romaine.*

Dès l'origine de Rome, le législateur s'attacha à accorder au père de famille des pouvoirs illimités sur la personne et les biens de ses enfants. La loi des Douze Tables imprima à l'autorité paternelle un caractère absolu: elle en fit une institution à laquelle il n'y a rien de comparable chez les autres peuples. Cette puissance était essentiellement de droit civil et exclusivement propre aux citoyens romains. Mais le temps et le progrès des mœurs entraînèrent des modifications successives qui eurent pour but de restreindre les effets jusqu'alors si rigoureux de la puissance paternelle. Au nombre de ces modifications, se trouve le bénéfice de l'émancipation.

I. Ancien droit. — A l'origine, le pouvoir du père sur ses enfants est illimité et sans contrôle. Il peut les vendre, les tuer, les dépouiller de leurs biens, les considérer, en un mot, comme sa propre chose. Cette autorité était le dernier terme de la puissance publique. Relativement aux biens, le fils ne pouvait rien posséder en propre, rien acquérir; il ne pouvait exercer aucun droit en son propre nom. Enfin, cette puissance était perpétuelle et ne prenait fin qu'à la mort du père.

Néanmoins, on chercha bientôt par des voies détournées à atténuer les effets d'un pouvoir aussi considérable. Voici le moyen fort ingénieux que l'on employa. Il était écrit dans la loi des Douze Tables: « *Si pater filium ter venumdedit, filius a patre liber esto* ».

Telle fut la sanction dont on se servit pour atteindre le but qu'on se proposait. Le père qui voulait émanciper son fils le vendait trois fois par la *mancipatio*, en présence de sept témoins, citoyens romains et pubères, don l'un (*libripens*) portait une balance pour peser le prix qui devait être remis au vendeur. Après chaque *mancipatio*, l'acquéreur affranchissait l'enfant qui était devenu son esclave; et après trois ventes successives, l'enfant devenait libre et *sui juris*. Ces ventes furent d'abord réelles; mais, dans la suite, elles devinrent fictives. On reconnut bientôt l'inutilité de ces formes dont on avait chargé la pratique à Rome.

D'après la rigueur du droit, l'enfant sortait de sa famille. L'*emancipatio* brisait les liens de l'*agnatio*, les seuls qui, à cette époque, avaient le pouvoir de donner naissance à des obligations juridiques. Au lieu de passer sous une nouvelle puissance, l'enfant devenait immédiatement *sui juris*. Il perdait tous les droits qu'il avait dans sa famille originaire, et il était en même temps exonéré de toutes les obligations et de toutes les charges qui incombaient à chacun des membres de cette famille.

II. Droit prétorien. — Le préteur, à son tour, corrigea les injustices du pur droit civil. Il décida que l'émancipation n'éteindrait point les dettes de l'émancipé; il accorda aux créanciers lésés le secours de la *restitutio in integrum*. Enfin, il considéra comme conforme à la nature et à l'équité la vocation de l'émancipé à la succession paternelle, dont il était exclu auparavant, au moyen des *bonorum possessiones* (1).

III. Droit impérial. — Telle était la théorie classique de l'émancipation. Elle reçut des modifications nombreuses sous la législation du Bas-Empire. D'abord la puissance paternelle fut renfermée dans des bornes plus conformes à son but. Ainsi, Cons-

(1) Gaïus, *Comm.* II, § 135.

tantin décida que l'émancipation pourrait être révoquée pour cause d'ingratitude. L'enfant ne put être émancipé sans son consentement, et le père put être forcé de l'émanciper au cas où il le maltraiterait ou le pousserait à la débauche.

L'empereur Anastase supprima les anciennes formes de l'émancipation et décida que le fils de famille pourrait être émancipé en vertu d'un rescrit impérial insinué sur les registres du magistrat. La présence de l'enfant ne fut même plus exigée. Ce rescrit, rendu sur la demande du père, devait être inséré *apud acta judicis.* Cette forme d'émancipation s'appelait *émancipation anastasienne.* Elle remplaça l'émancipation légitime qui était en vigueur dans l'ancien droit et dans le droit impérial, et dont les formes étaient si nombreuses et si solennelles.

IV. DROIT DE JUSTINIEN. — Allant encore plus loin qu'Anastase, Justinien décida que le père qui voudrait émanciper son enfant n'aurait qu'à en faire directement la déclaration devant le magistrat ou le juge compétent : « *Nostra autem providentia, et hoc in melius per constitutionem reformavit, ut, fictione pristina explosa, recta via ad competentes judices vel magistratus parentes intrent, et sic filios suos vel filias, vel nepotes vel neptes ac deinceps sua manu demittant* (1). »

Dans sa novelle 25, l'empereur Léon donna à l'émancipation le dernier degré de simplicité en dé-

(1) *Inst.* liv. I, tit. XII, § 6.

cidant que la seule déclaration de la volonté du père suffirait pour opérer l'émancipation. Il décida aussi que, quand un père aurait souffert que son fils formât un établissement particulier et allât demeurer hors de la maison paternelle, ce fils serait émancipé.

§ 2. — *Époque barbare.*

Les dominations successives des Celtes, des Romains et des Francs sur la Gaule laissèrent des traces profondes dans les mœurs et la civilisation de ce pays. C'est la fusion de ces éléments si divers, empruntés aux usages celtiques, au droit romain et aux lois germaniques, qui servit de base aux institutions et au droit des différentes parties de la France jusqu'en 1789. La conquête romaine étouffa la civilisation gauloise, qui succomba sous la puissance de ses vainqueurs. Cependant quelques vieux usages celtiques survécurent à cet effondrement de la nationalité gauloise dans les provinces habitées par ses derniers défenseurs. Avec son orgueilleuse domination, Rome implanta ses institutions, ses mœurs et ses lois sur notre territoire et notamment dans le Midi, où le droit romain devint la véritable base de notre législation. Imposées d'abord par le vainqueur, les lois civiles furent acceptées dans la suite par les vaincus, chez lesquels elles survécurent à toutes les révolutions sociales. Cela est tellement vrai que quand les tribus de la Germanie, se précipitant comme un torrent, eurent, au sixième siècle, renversé l'empire et mis fin à la domination romaine, elles n'osèrent point enlever aux vaincus l'usage de leurs lois. Les Francs et les Bourguignons conservèrent avec leurs usages leurs vieilles coutumes nationales, tandis que les Gallo-Romains continuèrent à vivre sous l'empire de la législation romaine.

Plus tard, la différence profonde qui existait entre les usages des populations du Nord et ceux des populations du Midi persista encore. Les provinces méridionales, pénétrées de la civilisation romaine, et les provinces du Nord, empreintes des usages germaniques, continuèrent une diversité de traditions d'où naquit, au moyen âge, la division de la France en pays de droit écrit et pays de droit coutumier. Le droit commun des premiers fut le droit romain, modifié par quelques usages locaux, tandis que les coutumes constituèrent le droit commun des seconds.

En Gaule, le père était, comme à Rome, le maître souverain de la personne et des biens de ses enfants. Mais son autorité n'était point perpétuelle. Elle prenait fin quand le fils se mariait ou atteignait un certain âge. La qualité de mari lui faisait acquérir une puissance absolue sur sa femme et l'émancipait lui-même de plein droit.

Après la conquête de la Gaule par César, le droit romain se substitua complètement aux usages celtiques. La perpétuité de la puissance paternelle fut un des principaux caractères qu'il lui imprima. L'autorité du père s'étendit aux petits enfants et à l'épouse du fils; enfin, le mariage ne fut plus une cause d'émancipation.

Chez les divers peuples d'origine germanique qui, plus tard, envahirent la Gaule, la puissance paternelle se nommait *mundium*; elle résultait du mariage et s'exerçait tant sur la femme que sur les enfants. C'était un moyen de protection et un droit dont l'exercice appartenait, pendant le mariage, au père seul. Cette puissance pouvait cesser par le mariage de l'enfant ou bien encore quand il avait atteint un âge assez avancé.

La *patria potestas* et le *mundium* subsistèrent et se perpétuèrent dans les législations successives qui régirent notre ancienne monarchie. Et après la fusion des divers éléments d'où sortit notre nationalité, la même divergence se produisit dans notre législation. La puissance paternelle conserva une organisation différente dans les pays de droit écrit et dans les pays de droit coutumier.

§ 3. — *Puissance paternelle dans les coutumes.*

Dans les pays de droit écrit, la puissance paternelle produit les mêmes effets que dans le dernier état de la jurisprudence romaine. « Il n'eût pas été facile, dit Merlin (1), de faire perdre aux vaincus l'idée d'une législation qu'ils avaient toujours respectée et chérie. » De là est nécessairement résultée

(1) Merlin, *Répertoire*, tome V, v° Emancipation.

pour ce pays la conservation de la puissance paternelle selon les principes établis.

La plupart de nos coutumes étant muettes sur la puissance paternelle, leur silence semblerait devoir en subordonner l'exercice aux règles du droit naturel. Nous devons néanmoins entrer dans l'examen des principes généraux formulés par nos anciens auteurs coutumiers.

Le premier, Loysel, a dit : « *Puissance paternelle n'a lieu.* » Tel est le principe général reproduit par tous nos anciens auteurs. Que signifie cette règle et quelle en est la portée? Merlin nous en donne l'explication (1) : « Nous ne donnerons pas aux pères, dit-il, un pouvoir aussi étendu que celui qu'ils avaient par le droit romain. Mais on ne peut leur refuser une autorité sur la personne de leurs enfants; cette autorité est de droit naturel. » Il suffit de consulter les textes pour se convaincre que la puissance paternelle était connue et admise dans notre ancien droit coutumier. De Laurière cite un passage du grand coutumier qui est décisif sur cette question : « Un laiz ou don qui est faict à mon enfant étant en ma puissance vient à mon profit, au cas toutes fois que le don ou laiz ne serait causé pour apprendre à l'école ou pour le marier, et encore si la cause cessait, le dict laiz ou don reviendrait à moi par la coutume de la prévôté de Paris (2). »

(1) Merlin, *Répertoire*, eod. loc.
(2) De Laurière sur Loysel, liv. I, tit. I.

Dans un acte du Parloir aux bourgeois de 1293, on lit : « Il fut répondu, registré, témoigné et accordé de eux qui les enfants demeurant avec le père ou avecques la mère, so ils font aucuns acquêts, ils sont ceux au père ou à la mère, sans contredire par la coutume de Paris (1). » Mais Bouteiller réserve au fils en puissance ce qu'il a gagné par son industrie (2).

Le président Bouhier déclare à son tour « qu'il y a de l'aveuglement à ne pas reconnaître la puissance paternelle dans une coutume (coutume d'Auvergne) où le père est fructuaire des biens maternels et adventices de son enfant, et dure le dit usufruit, nonobstant que l'enfant trépasse, le père vivant. »

Bouhier affirme et prouve que la puissance paternelle existait aussi en Bourgogne. L'art. 52 de la coutume de Bourgogne porte que « le fils ou la fille étant hors d'âge de pupillarité, tenant feu et lieu à leur chef ou séparément de son père, est réputé émancipé de son dit père. » « Ainsi, dit Bouhier, l'émancipation suppose que l'enfant était primitivement en la puissance de son père, et cette formalité n'a jamais été pratiquée dans les pays où cette puissance n'est point reconnue. » Il termine en disant : « Tant s'en faut qu'elle (la puissance paternelle) soit abolie, comme quelques novateurs ont voulu le persuader au public. Cet étrange paradoxe est si nettement condamné par le concert unanime de tous les

(1) Simonnet, *Revue historique*, 1868, page 530.
(2) Bouteiller, *Somme rurale*, liv. I, tit. LXXV.

commentateurs anciens et nouveaux de notre coutume qu'il est surprenant qu'on ait eu, de nos jours,
la témérité de le proposer. »

Beaucoup d'autres coutumes font d'ailleurs expressément mention de la puissance paternelle (1).

Mais, comparées aux règles de la *patria potestas*
romaine, celles de notre droit coutumier supposent
« plus d'affection dans le régime de la famille, plus
d'intimité au sein du foyer domestique. C'est uniquement la protection du fort accordée au faible, la
garde du pupille confiée à ceux qui sont présumés
lui porter plus d'intérêt et d'affection (2). » Ce pouvoir
ne dure que jusqu'à la majorité ou au mariage de
l'enfant et il appartient, jusqu'à cette époque, au père
et à la mère : « Les enfants sont en *vourie* et *main
bournie* de leurs père et mère. »

Les principaux attributs de cette puissance con-
sistaient dans le droit, pour les parents, d'exiger de
leurs enfants certains devoirs de respect et de reconnaissance, de leur réclamer des aliments et de consentir à leur mariage (3). Le père et la mère avaient
le droit de gouverner la personne et les biens de
leur enfant, jusqu'à ce que celui-ci fût en âge de se
conduire lui-même. Ils veillaient à son éducation,

(1) Coutume de Berry, tit. I, art. 166, 167, 168 ; de la Marche,
art. 208 ; de Blois, art. 1 et 2 ; d'Orléans, art. 180 et 185 ; de Char-
tres, art. 103 ; de Reims, art. 6, 7, 8 ; de Bretagne, art. 28, 527,
528, 535 ; de Normandie, art. 121.

(2) Dupin, *Coutume de Nivernais*.

(3) M. Ginoulhiac, à son cours.

pouvaient lui infliger une correction modérée et donnaient leur consentement à une foule d'actes qu'il pouvait faire.

Notre Code civil a reproduit la plupart de ces principes. Aujourd'hui, la puissance paternelle s'exerce dans toute la France, mais elle n'y produit pas, ainsi que nous le verrons bientôt, tous les effets que le droit romain et quelques coutumes en faisaient dériver avant le Code civil.

Une autre conséquence de la puissance paternelle consistait dans le droit de garde *noble* ou *bourgeoise*. En vertu de ce droit, les parents nobles ou bourgeois avaient l'administration et la jouissance des biens de leurs enfants mineurs, jusqu'à leur majorité, c'est-à-dire vingt ans pour les enfants nobles, quatorze ans pour les roturiers mâles et douze ans pour les filles.

CHAPITRE II

De l'Emancipation et de ses formes.

Denizart définit l'émancipation : « l'acte par lequel une personne placée sous la puissance paternelle ou sous l'autorité d'un tuteur, en est affranchie (1). » Cette définition implique l'existence de

(1) Denizart, *Collection de décisions nouvelles*, tom. VII, p. 481.

deux genres d'émancipations. Celle du premier genre est l'affranchissement de la puissance paternelle dans les pays de droit écrit et sur le territoire des coutumes qui ont adopté, quant à la puissance paternelle, les dispositions de la loi romaine; celle du second genre est l'acte par lequel un mineur sort de tutelle avant l'âge de vingt-cinq ans. Celle-ci a lieu, tant dans les pays de droit écrit que dans les pays de droit coutumier.

§ 1er. — *Émancipation expresse.*

L'émancipation est expresse, lorsque le père, usant du pouvoir que lui donne la loi ou la coutume, déclare mettre son enfant hors de sa puissance et l'autorise à gouverner lui-même sa personne et ses biens. En principe, l'émancipation est regardée comme un bienfait que le père ne peut être forcé d'accorder à ses enfants et que les enfants ne sont pas obligés de recevoir malgré eux. Il fallait donc, pour que l'émancipation fût valable, le concours de la volonté du père et celle de l'enfant.

Dans les pays de droit écrit, il n'y avait pas d'âge fixé pour l'émancipation, et la plupart des coutumes gardaient le même silence sur ce point. A l'époque féodale, le fils de gentilhomme pouvait être émancipé dès son plus jeune âge, puisqu'il était jusque-là incapable d'acquérir par lui-même; le fils de roturier, au contraire, étant capable d'acquérir par son travail, on ne pouvait l'émanciper qu'à l'époque de sa majorité roturière.

I. — En général, l'acte d'émancipation était passé par devant les officiers du bailliage. « Dans un formulaire de pratique, dressé, il y a plus d'un siècle, dit Bouhier (1), par un lieutenant général au bailliage de Châlons, il est dit que toutes émancipations d'enfants nobles doivent se faire pardevant les lieutenants au bailliage et en frappant l'enfant sur la tête ou la joue, après avoir dit qu'il est mis hors de la puissance paternelle et jouit de ses droits. J'ai vu un pareil acte de l'année 1511, où il est dit seulement que le « père, tenant les mains de son enfant entre les siennes, l'a émancipé et mis hors de sa puissance. » Il y a des actes d'émancipation où le père met hors de sa puissance son fils et sa fille en coupant un morceau de pain en deux parties dont les enfants reçoivent la moitié. Cette formule est la mise en action de l'expression coutumière : « *mettre hors de pain et pot* », synonyme de l'émancipation. « Les mots celle, domicile, pain et pot, sont pris pour la puissance sur les enfants et pour marquer que des enfants étaient émancipés, on a dit qu'ils étaient hors de celle ou hors de pain et pot (2). »

Dans le Languedoc, le fils se mettait à genoux devant son père, les mains jointes entre les siennes, et le priait de l'émanciper. Le père écartait les mains

(1) Bouhier, tome I, page 491.
(2) *Glossaire de dr. fr.* v° *Mise hors de pain.*

de son fils, le relevait et l'embrassait en déclarant
qu'il consentait à l'émancipation ; le juge donnait
acte de l'émancipation et il en restait minute.

Le Parlement de Toulouse déclarait anciennement
que l'émancipation était nulle, si elle n'avait pas été
faite devant le juge. Mais, à cet égard, il changea
vite de jurisprudence. M. de Catelan (1) et l'auteur
du journal du Parlement de Toulouse citent un
arrêt du 30 août 1694, qui déclare qu'une émancipation faite pardevant notaires est valable. Dans certaines coutumes, et notamment dans celles de Bourgogne et de Berry, on jugeait que l'émancipation pouvait se faire devant notaires. Pour soutenir que
l'émancipation peut avoir lieu dans cette forme, on
dit que, résultant de l'habitation séparée, c'est-à-
dire du consentement tacite du père, l'émancipation
doit a *fortiori* résulter de la volonté expresse de
celui-ci déclarée devant notaires. D'ailleurs, l'émancipation étant un acte purement volontaire entre le
père et le fils, les notaires sont compétents pour recevoir ces sortes d'actes. Ce système fut enfin définitivement adopté dans tous les parlements de droit écrit
qui l'avaient autrefois combattu. Il était repoussé en
Alsace, ainsi que dans les coutumes du Nord et du
Centre. Le parlement de Besançon ne l'admettait que
dans le cas où l'émancipation avait lieu par contrat
de mariage. C'est ce qu'atteste Dunod, quand
il dit (2) : « Les émancipations faites par notaires ne

(1) Tome II, liv. V, chap. LII.
(2) Dunod, *Traité des prescriptions*, chap. VIII.

sont pas valables; cependant la faveur des mariages
les a fait admettre en Franche-Comté. » En Alsace,
on admet l'émancipation par devant notaire; mais il
y est d'usage d'en faire homologuer les actes
en justice, pour leur donner plus d'authenticité.

II. — L'émancipation était personnelle à celui qui
l'obtenait : elle ne profitait pas à ses enfants. Elle
devait être générale et illimitée tant dans son objet
que dans sa durée : « Personne, dit Denizart (1), ne
pouvait être en partie père de famille et en partie
sous la puissance d'autrui. » Cependant quelques
parlements, notamment ceux de Provence et de Toulouse, avaient admis, sous le nom d'*habilitation*, une
sorte d'émancipation devant notaire ayant pour but
de permettre au fils de famille d'administrer ou
d'aliéner ses biens adventices. Mais cette habilitation
ne faisait point cesser la puissance paternelle : nous
en trouvons la preuve dans un acte de notoriété des
magistrats du parlement d'Aix du 7 janvier 1697, où
il est dit : « Nous attestons que l'habilitation que les
pères font, en Provence, de leurs enfants leur sert
pour régir et administrer leurs biens et ne les tire
point de la puissance du père, qui ne la perd que par
l'émancipation faite par un acte public, en présence
d'un juge et d'un consul, et dûment insinué. »

III. — L'enfant peut être émancipé à tout âge,
dans les pays qui admettent la *patria potestas* romaine.

(1) Denizart, *Collect. de déc. nouv.*, tome VII.

Dans ces pays, l'émancipation ne concernait que les enfants légitimes ; les bâtards, n'étant point sous la puissance paternelle, ne faisaient partie, aux yeux de la loi, d'aucune famille.

IV. — L'émancipation expresse pouvait encore avoir lieu par lettres royaux. C'étaient des lettres de bénéfice d'âge qui devaient se demander dans les pays coutumiers, en la grande chancellerie ou en celle du parlement local. Par ces lettres, les parents du mineur pouvaient abréger le temps de la tutelle. Le mineur devait faire insinuer ces lettres au bureau de son domicile ; puis le juge les entérinait sur l'avis des parents attestant la capacité du mineur. Sauf des cas exceptionnels, cette émancipation ne s'accordait pas avant dix-huit ans pour les garçons et seize ans pour les filles. Dans les pays de droit écrit et dans les coutumes qui avaient conservé la *patria potestas* il n'était pas nécessaire, pour demander l'émancipation, d'avoir obtenu du prince des lettres de bénéfice d'âge. Un arrêt du parlement de Toulouse, rendu le 7 janvier 1684, dispense les habitants du Languedoc de prendre des lettres d'émancipation. « Il y a beaucoup d'endroits, dit Denizart, où l'émancipation se prononce sur l'avis des parents et amis du mineur, que le juge homologue sans avoir recours aux lettres du prince. L'usage a sur cela force de loi. L'art. 12 de l'édit du mois de mars 1704 et l'édit du mois de janvier 1706, qui en disposent autrement, ne sont pas exactement suivis. » Telles étaient les formalités exigées, à peine de nullité, pour l'émancipation expresse.

§ 2. — *Emancipation tacite.*

Les différences entre les pays de droit coutumier et les pays de droit écrit sont, sur ce point, des plus nombreuses. Dans l'impossibilité de poser un principe général, nous rattacherons à quatre genres les causes d'émancipation en usage dans l'ancienne France.

I. *Habitation séparée.* — C'est à la novelle XXV de l'empereur Léon que notre ancien droit a emprunté cette cause d'émancipation. La demeure prolongée du fils hors de la maison paternelle sans opposition du père faisait supposer l'émancipation.

Mais cette émancipation tacite, n'étant que présumée, n'avait pas lieu dans tous les cas d'habitation séparée. Ainsi la fille n'était point émancipée par son mariage : car la femme mariée devant suivre son mari partout où il va, la séparation, même prolongée, ne pourrait pas faire supposer une émancipation, parce que le père n'a pas le droit de s'opposer, après le mariage, à la séparation. Ainsi encore un ecclésiastique pourvu d'un bénéfice qui exigeait résidence n'était point censé émancipé par son habitation dans le lieu de son bénéfice. L'émancipation n'avait pas lieu non plus, et pour la même raison, à l'égard d'un magistrat dont l'office exigeait une résidence continuelle hors de l'habitation de son père. Il en était de même à l'égard des fils de famille obligés de s'éloigner pour étudier dans les universités.

Cette émancipation tacite avait un effet rétroactif au moment où avait commencé la possession d'état qui en était la base.

Mais combien fallait-il de temps au fils de famille qui avait un domicile séparé de celui de son père pour qu'il fût réputé émancipé? La novelle de l'empereur Léon ne le détermine pas; et ce silence a donné lieu à quatre principaux systèmes.

Le premier fixe le temps de cette séparation à un instant de raison. Cette opinion n'a pour partisan, au dire de Merlin, que l'auteur d'une consultation attribuée à tort à Duplessis. Elle ne repose sur aucun argument sérieux. La puissance paternelle ne peut pas, en effet, se perdre par un seul instant de raison, et la loi 1 au Code *(de patria potestate,* VIII-XLVII) veut que le père ait laissé longtemps son fils vivre en père de famille *(cùm diù passus sit).*

Le second système est soutenu par Taisand (1), qui exige un délai d'an et jour, comme cela a lieu pour l'homme franc qui devient mainmortable quand il a tenu pendant ce temps *feu et lieu* en un lieu mainmortable. L'art. 5 de la coutume de Bourgogne porte que « le fils ou fille étant hors d'âge de pupillarité tenant feu et lieu en son chef ou séparément de son père est réputé émancipé de son dit père ». Le com-

---

(1) Taisand, *Sur la coutume de Bourgogne.*

mentateur se demande combien doit durer cette séparation pour produire un pareil effet, et il répond qu'il suffit qu'elle dure un an et un jour. C'est ce que décident aussi les coutumes de Poitou (art. 312), de Bordeaux (art. 21) et d'Angoumois (art. 20).

Le troisième système veut que la séparation ait duré vingt ans, et il s'appuie sur la loi 2 au code (VII-XXII), qui indique le délai nécessaire à l'esclave pour prescrire sa liberté. Mais cette analogie entre l'affranchissement et l'émancipation n'a pas sa raison d'être.

Le quatrième système est celui qui nous paraît le plus rationnel : c'est celui qui admet un délai de dix ans. C'est ainsi que les anciens commentateurs expliquent le mot *diu* qui se trouve dans la loi 1, VIII-XLVII. C'est aussi le système des ordonnances à propos des ratifications tacites et celui des parlements des pays de droit écrit. Le parlement de Toulouse jugea, en effet, le 29 mars 1580, qu'une fille séparée de son père était, après dix ans, censée émancipée et avait pu tester. Cet arrêt est rapporté par Laroche-Flavin, tit. 34, art. I. D'ailleurs, au dire de Denizart (1), ce système était adopté par Despeisses, par Chasseneé, sur la coutume de Bourgogne ; par d'Olive, par Bretonnier, sur Henrys, et par le président Bouhier.

II. — *Promotion à certaines dignités.* — Cette cause d'émancipation avait une origine romaine. D'après

_____
(1) Denizart, *Collect. de décis. nouv.*, tome VII, page 492.

l'ancien droit romain, aucune dignité n'affranchissait de la puissance paternelle, ni la qualité de militaire ni la pourpre de sénateur: mais il en fut autrement, dans la suite, pour la qualité de patrice: « *Sed ex constitutione nostrâ*, dit Justinien, *summa patricialus dignitas illico filium a patrià potestate liberat* (1). »

Dans sa novelle 81, Justinien fait une distinction entre les dignités ecclésiastiques et les dignités civiles; dans les premières, l'épiscopat est la seule qui puisse conférer l'émancipation. Dans les secondes, Justinien donne ce pouvoir au consulat, à la qualité de préfet du prétoire, de préfet de la ville et de maître de la milice.

Dans les pays de droit écrit, l'application de cette novelle fut longtemps difficile parce que de toutes les dignités qu'elle énumérait celle d'évêque était la seule qui eût subsisté en France. Pour les fils de famille qui avaient reçu la prêtrise, la seule faveur qui leur fût accordée par les lois, c'est que l'on considérait comme *peculium castrense* tout ce qu'ils acquéraient au service de l'Eglise.

Parmi les fonctions civiles, celles de ministre, de secrétaire, de conseiller d'Etat, de gouverneur de province et de lieutenant général eurent seules le pouvoir d'émanciper, ces fonctions ayant quelque analogie avec celles de patrice et de préfet militaire à Rome. En était-il de même pour les magistrats de cours souveraines? La plupart des auteurs coutu-

(1) Instit., liv. I, tit. XII, § 4.

miers déclarent que ces fonctions n'émancipaient point (1).

A l'égard du droit coutumier, le fils de famille est émancipé par sa promotion à un simple emploi ayant un caractère public, à une fonction religieuse ou civile qui fixe son sort pour toujours ou pour un temps illimité. Les dispositions des coutumes de la Belgique attribuent à tout état honorable le pouvoir d'émanciper les fils de famille. Coquille dit qu'on sort de la puissance paternelle « soit par émancipation, soit par mariage en âge compétent, soit par prêtrise, soit par promotion à quelque office public; car, en tous ces cas, selon la commune usage du royaume, l'émancipation est présumée (2) ».

Sous l'empire du Code civil, il n'y a aucun état ni emploi public qui émancipe le fils de famille « et la raison en est bien simple, dit Merlin, c'est qu'il n'y a aucun état ni emploi public auquel on puisse être promu avant l'âge où la puissance paternelle cesse de plein droit ».

III. MARIAGE. — Le mariage emporte-t-il l'émancipation? Il est certain qu'à Rome, le mariage de l'enfant n'eut jamais pour effet de le libérer de la puissance paternelle; et cette règle subsista dans la plupart des provinces de droit écrit. Mais, sur ce

(1) Despeisses, tome II, page 0. — Le président Fabre, Code, liv. VIII, tit. XXXIII, *Définit.* 3. — Bretonnier, sur Henrys, tome II, liv. IV, question 13.

(2) Coquille, sur la *Coutume de Nivernais*, chap. xxii, art. 2.

point encore, les usages celtiques avaient conservé
une certaine autorité et plusieurs coutumes leur
avaient emprunté le principe de l'émancipation de
plein droit par le mariage. Ce principe était admis
d'une manière absolue dans le ressort du Parlement de Paris, dans la coutume de Bourgogne,
dans les villes de Montpellier et de Toulouse.
Brodeau étendait l'application de ce principe à tout
le parlement de Toulouse. « Mais, dit Merlin (1),
c'est une erreur démentie par une foule d'arrêts.
L'assertion de Brodeau est vraie par rapport aux
deux villes du ressort du Parlement de Toulouse,
savoir Toulouse et Montpellier. A l'égard des enfants mâles, le président Maynard (2), Cambolas (3)
et Duranti assurent que le mariage les émancipe
conformément à la loi municipale. »

Loysel a fait de cette dernière cause d'émancipation une règle de notre droit coutumier. « *Feu* et *lieu*
font émancipation, et enfants mariés sont tenus pour
hors de pain et de pot, c'est-à-dire émancipés ».

Dans le pays où il emporte émancipation, le mariage émancipe de plein droit et irrévocablement.
« Le mariage, dit Meslé (4), fait cesser la tutelle d'une
façon aussi parfaite que les lettres du prince, puisque, quand le mariage vient à se dissoudre par la
mort de l'un des conjoints, le survivant reste toujours

---

(1) *Répertoire*, tome XIII, page 635.
(2) Maynard, livre III, chap. II.
(3) Cambolas, chap. XXVII, liv. I.
(4) Meslé, *Traité des minorités.*

émancipé ». Cependant, la question avait été discutée et plusieurs auteurs, Chassané notamment, soutenaient que le fils de famille qui devenait veuf retombait sous la puissance de son père. Mais d'Argentrée et beaucoup d'autres auteurs coutumiers soutenaient l'opinion contraire qui finit par prévaloir.

La coutume de Berry (art. 3) porte que « les majeurs de vingt-cinq ans sont émancipés de plein droit et les mineurs mariés ». Dans la coutume de Montargis (chap. 7, art. 9), « tous les enfants mâles par l'âge de vingt ans et un jour, soit mariés ou non, sont usants de leurs droits ».

L'art. 476 du Code civil porte que le mineur est émancipé de plein droit par le mariage.

IV. Age. — En droit romain, le fils de famille restait toute sa vie soumis à la puissance paternelle, s'il n'en était affranchi par l'émancipation ou par l'une des causes expliquées au liv. I, tit. XII des *Institutes*. Ce principe avait été conservé dans toutes les coutumes des pays de droit écrit.

Les coutumes de Douai, de Lille et de Bourgogne avaient, après quelques controverses, consacré ce principe rigoureux. Mais ce n'était point là le droit commun, et la plupart des coutumes faisaient cesser la puissance paternelle dès que le fils avait atteint l'âge de vingt-cinq ans. Les coutumes de Reims, de Châlons, de Sedan et de Metz affranchissaient même de la puissance paternelle l'enfant qui avait atteint l'âge de vingt ans. La coutume d'Anjou et la coutume du Maine consacraient un régime spécial ; à vingt ans, l'enfant prenait l'administration de ses biens, et pouvait même disposer de ses immeubles.

CHAPITRE III

Effets de l'Emancipation.

Les effets de l'émancipation sont relatifs : 1° à la personne du mineur qui est affranchi de la puissance paternelle ou de la tutelle ; 2° à ses biens dont il a désormais la libre administration. Etudions séparément ces différents effets.

· SECTION PREMIÈRE

EFFETS RELATIFS A LA PERSONNE

Dans les pays qui admettent la *patria potestas*, « l'effet de l'émancipation, dit Merlin, est de délivrer le fils de famille de l'espèce d'asservissement auquel les lois l'ont assujetti, et de le rendre capable de tous les actes de la vie civile sans avoir besoin d'être autorisé par son père. » Cependant, l'enfant n'a l'exercice de ses nouveaux droits qu'autant qu'il a atteint la majorité à l'époque de l'émancipation ; s'il est encore mineur, il entre sous la tutelle ou la curatelle de son père jusqu'à l'âge de vingt-cinq ans. Néanmoins, certains attributs de la puissance paternelle survivent encore à l'émancipation; ainsi l'enfant continue de devoir des aliments à son père; il doit obtenir son consentement lorsqu'il veut contracter mariage avant vingt ans ou trente ans, selon son sexe, ou au moins lui demander conseil après cet âge.

En émancipant son fils, le père conserve, comme à Rome, l'usufruit des biens adventices de son enfant, à moins que l'émancipation lui ait été imposée par le juge; et il ne peut même y renoncer, d'après Denizart, au préjudice des droits de ses créanciers : « car, ajoute cet auteur, on peut dire que c'est une réserve légale assurée au père et sur laquelle les créanciers doivent compter, parce qu'elle est leur gage. »

Cet usufruit porte sur tous les biens échus au fils avant son émancipation. Quant aux biens maternels qui lui arrivent depuis, le doute, sur le point de savoir si l'usufruit appartient au père, naît de cette considération en vertu de laquelle il semble qu'un père ne puisse acquérir aucun droit du chef d'une personne libre. Cujas soutient que l'usufruit appartient au père. Catelan assure que ce droit n'est point donné au père dans le ressort du Parlement de Toulouse et qu'il lui a été enlevé par la loi 6 au code *de bonis quæ liberis* (VI-LXI). Accurse distingue entre les biens provenant de la mère et les autres biens adventices. « L'usufruit des premiers est donné au père, dit Denizart, afin de le consoler en quelque sorte de la perte de sa femme. » Le même motif ne peut pas être invoqué à l'égard des autres biens adventices, et alors on peut dire avec raison que la loi ne permet pas d'acquérir par le moyen d'une personne libre.

Enfin, l'émancipation faisait cesser la garde noble appartenant au survivant des époux sur leur fils âgé de moins de vingt ans et leur fille âgée de moins de seize, et la garde bourgeoise qui durait jusqu'à quatorze ans pour le fils et douze ans pour la fille.

SECTION II

EFFETS RELATIFS AUX BIENS

Nous comprenons sous cette rubrique ce qui concerne la curatelle et la capacité du mineur émancipé.

§ 1er. — *Curatelle.*

On nommait un curateur au mineur émancipé pour l'assister dans les actes de disposition les plus importants. Le curateur était ordinairement choisi dans l'assemblée des parents, à laquelle donnaient lieu les lettres d'émancipation, et l'acte de nomination était entériné avec l'homologation des lettres. Dans les pays de droit écrit, le mineur pouvait choisir lui-même son curateur.

Le curateur devait se présenter devant le juge et

prêter serment de bien et fidèlement gérer la charge. Il exerçait ses fonctions du jour où il avait fait insinuer l'acte de nomination au domicile de l'émancipé. Dans les pays de droit écrit, l'enfant sorti de tutelle à douze ou quatorze ans acquit seulement la faculté de tester, et, pour tous les autres actes, il continua à recevoir un curateur comptable jusqu'à sa majorité.

Au contraire, dans les coutumes qui fixaient la majorité à vingt-cinq ans, la tutelle durant jusqu'à cet âge, il n'y avait pas de curatelle. Cette disposition finit même par être adoptée dans le Midi, et Loysel a pu dire : « Tuteur et curateur n'est qu'un (1). La coutume de Nivernais dit aussi : « Les tuteurs testamentaires, légitimes ou datifs, décrétés par justice, après ladite tutelle finie et la puberté advenue desdits mineurs, demeurent curateurs d'iceux mineurs jusqu'à l'âge de vingt-cinq ans parfaits (2).

§ 2. — *Capacité du mineur émancipé.*

I. — Après l'émancipation, le mineur administre librement ses biens. Il a, vis-à-vis de son père, une personnalité propre. Il est maître de sa fortune mobilière et peut en disposer par donation ou par testament. Il a le droit de s'obliger, pourvu que l'engagement n'excède pas ses revenus. Il ne peut nullement disposer de ses revenus à échoir; mais s'il s'engage de cette façon, il sera *restitué in integrum.*

(1) Loysel, *Instit. coutum.*, liv. I, tit. IV, § 5.
(2) Coutume de Nivernais, tit. XXX, art. 8.

II. — La capacité du mineur émancipé recevait deux restrictions : l'une, relative au droit d'agir en justice ; l'autre, relative à l'aliénation des immeubles. Le mineur émancipé ne pouvait jamais ester seul en justice, ni comme demandeur, ni comme défendeur, excepté au criminel. Il devait être assisté de son curateur et, quand on l'assignait en justice, on devait également assigner le curateur, afin qu'il pût prêter son assistance ; mais cela n'empêchait pas que tous les actes de procédure devaient être faits au nom du mineur ; enfin, le mineur n'avait pas le droit d'aliéner ou d'hypothéquer seul ses immeubles.

III. — Irrévocable en principe, l'émancipation pouvait cependant cesser de produire des effets pour des causes exceptionnelles. Cela pouvait avoir lieu quand le mineur administrait mal son patrimoine, quand il avait une mauvaise conduite ou bien encore quand il se rendait coupable d'ingratitude, et c'était le juge qui, dans tous les cas, prononçait la révocation de l'émancipation.

Nous devons maintenant étudier la théorie de l'émancipation sous l'empire de notre Droit civil.

DROIT CIVIL

NOTIONS PRÉLIMINAIRES

La théorie de l'émancipation, telle que nous l'avons vue dans ses applications diverses sous l'empire du droit romain et de nos institutions féodales et coutumières, subsista jusqu'à la Révolution française. A cette époque de notre histoire, que l'on peut considérer comme la plus féconde en événements de toute sorte, la puissance paternelle subit l'influence des principes qui devaient servir de base à la société nouvelle. En ce qui concernait la *patria potestas*, le droit romain était trop éloigné de l'état des mœurs et de la civilisation pour servir de règle à l'organisation de la famille. Le droit coutumier pouvait seul, sauf les réformes qui s'imposaient, donner son véritable caractère et fixer son but à la puissance paternelle.

Nos législateurs allèrent plus loin : ils relâchèrent de plus en plus les liens de cette puissance. Le décret des 16-24 août 1790 commença par enlever au père son droit personnel de correction : il ne put faire enfermer son enfant qu'après l'avoir obtenu d'un tribunal de famille composé des huit plus proches parents ou amis et l'autorisation du président du tribunal civil. Le décret du 28 août 1792 déclara que les majeurs ne seraient plus soumis à la puissance paternelle. L'art. 2 du décret du 20 septembre de la même année, qui fixait la majorité à vingt-un ans accomplis, confirmé par celui du 31 janvier 1793, décida que les mineurs seuls devraient, pour se marier, obtenir le consentement de leurs parents. Enfin le décret du 17 nivôse an II restreignit au dixième des biens la faculté pour les ascendants de disposer au préjudice des descendants. L'art. 2 du décret du 12 brumaire an II donna aux enfants naturels les mêmes droits qu'aux enfants légitimes. Le divorce compléta enfin la série des lois et décrets qui devaient porter une si grave atteinte à la constitution de la famille.

Le Code civil voulut donner à la puissance paternelle une constitution plus morale et plus solide. L'avantage de l'enfant fut le but principal qu'on eut en vue : « Dans la puissance paternelle, disait M. Leroy, au Corps législatif, nous reconnaissons ce que la nature la fit : une puissance d'amour et de protection. »

L'art. 488 maintient, pour l'époque de la majorité,

l'âge de vingt-un ans. Jusqu'à cette époque, l'enfant est dans une dépendance complète; il est entouré d'une multitude de protections contre sa faiblesse et son inexpérience, en même temps qu'il est privé de la capacité juridique pour accomplir les différents actes de la vie civile. Mais, arrivé à cet âge, il est maître de sa personne et de ses biens; désormais sa capacité est complète, sa personnalité juridique peut s'affirmer et se produire, libre des entraves qui la retenaient naguère dans un état complet de dépendance.

Mais ne semble-t-il pas qu'il y ait quelque danger pour l'enfant à passer subitement de l'état de dépendance absolue à celui de liberté complète? Or, c'est précisément le reproche qui a été formulé contre les rédacteurs du Code civil. Ils auraient dû créer pour l'enfant une situation intermédiaire entre ces deux états, chercher, en un mot, une transition qui rendît moins brusque et moins sensible la substitution d'un état à l'autre. Mais il nous semble que le père a un moyen efficace de parer à cet inconvénient. Ce moyen réside dans l'émancipation, qui crée, pour ainsi dire, un intervalle de demi-capacité entre les deux situations si différentes dont nous venons de parler.

Nous pouvons donc, avec MM. Aubry et Rau, définir l'émancipation : un acte juridique qui affranchit un mineur, soit de la puissance paternelle, soit de la tutelle, soit de l'une et de l'autre puissance, lorsqu'il s'y trouvait simultanément soumis. En cette matière, les rédacteurs du Code civil ont plutôt suivi les principes du droit coutumier que ceux du droit romain. Pour étudier avec ordre la théorie de l'émancipation, nous nous occuperons : 1° de ses conditions et de ses formes ; 2° de la curatelle du mineur émancipé ; 3° de ses effets relativement à la capacité du mineur ; 4° de la révocation de l'émancipation.

PREMIÈRE PARTIE

CONDITIONS ET FORMES DE L'ÉMANCIPATION

L'émancipation a lieu de plein droit ou en vertu d'une déclaration expresse. Elle est tacite ou expresse. Étudions-la sous ces deux formes.

CHAPITRE Ier

Emancipation tacite.

« Le mineur est émancipé de plein droit par le mariage » : telle est la disposition de l'art. 476 ; et il faut convenir qu'elle répond à l'état de nos mœurs et de nos exigences sociales. En devenant chef de famille, et, par conséquent, chargé d'une lourde responsabilité, l'homme a besoin de son indépendance : indépendance au point de vue de la personne comme au point de vue de l'administration de ses biens ; elle lui est nécessaire pour qu'il puisse exercer sous leurs différentes formes la puissance maritale et la puissance paternelle. Appelé à les exercer, il ne saurait, sans contradiction, rester lui-même soumis à la puissance de son père ou à l'autorité de son tuteur. La femme, d'un autre côté, trouvant dans son époux un nouveau protecteur, on n'aura point à craindre pour elle les dangers de l'émancipation. D'ailleurs, le consentement au mariage du mineur donné par ceux à qui la loi a confié le soin de veiller sur lui est une garantie contre laquelle les faits eux-mêmes et la raison auront rarement à protester.

Cette émancipation par le mariage a lieu de plein droit, dit l'art. 476, c'est-à-dire sans autre condition et sans qu'il soit permis de modifier par une convention contraire les effets que le mariage produit à cet égard. Elle est de l'essence même du mariage : « elle en est, dit M. Demolombe, un effet immédiat et nécessaire. » L'art. 476 contient une règle d'ordre public. Il faut que l'époux mineur assume désormais la responsabilité inévitable et ne puisse pas se décharger sur autrui des obligations et des devoirs de son état.

Cette émancipation tacite est irrévocable, ce qui n'a pas lieu pour l'émancipation expresse, ainsi que nous le verrons bientôt : aucun événement ultérieur ne peut en enlever le bénéfice à l'époux devenu veuf, encore que le mariage vienne à être dissous avant sa majorité et qu'il n'ait pas d'enfants. Les termes de l'art. 476 sont trop formels pour laisser place au doute. Mais que le mariage vienne à être annulé, conformément aux dispositions des art. 180 et suivants, et alors le même jugement qui a annulé le mariage fait rentrer le mineur en tutelle ou sous la puissance paternelle.

Le Code n'a consacré que ce seul mode d'émancipation tacite, rejetant ainsi formellement ceux que produisaient dans l'ancien droit l'habitation séparée et la promotion à certaines dignités ou fonctions publiques.

CHAPITRE II

Emancipation expresse.

L'émancipation expresse est un acte résultant de la déclaration faite à cet effet par les personnes auxquelles la loi accorde le droit de conférer directement à un mineur une capacité et des droits déterminés. Cette déclaration doit, conformément aux dispositions de l'art. 478, être reçue par le juge de paix assisté de son greffier.

Par qui le mineur peut-il être émancipé? Pour répondre à cette question, nous devons examiner deux hypothèses prévues par les art. 477 et 478: 1° le mineur est sous la puissance paternelle, c'est-à-dire a encore ses père et mère, ou l'un d'eux seulement ; 2° il est en tutelle, c'est-à-dire n'a plus ni père ni mère.

§ 1. — *Le mineur est encore sous la puissance paternelle.*

I. — Cette première hypothèse est prévue par l'art. 477, qui est ainsi conçu : « Le mineur même non marié pourra être émancipé par son père, ou, à défaut de père, par sa mère, lorsqu'il aura atteint l'âge de quinze ans révolus. » Notons, en passant, que la conjonction *même* n'a ici aucun sens, et Marcadé fait observer : « qu'il est absurde de dire que l'émancipation expresse est possible, même pour le mineur non marié, puisqu'elle n'est possible que pour lui seul (1). »

Ce droit conféré aux parents est un attribut de la puissance paternelle, et ils le conservent, bien qu'ils ne gèrent pas la tutelle.

Pendant le mariage, le père seul a le droit d'émanciper son enfant. Après la dissolution du mariage, la mère survivante exerce tous les droits que pouvait exercer le père ; son second mariage même ne l'empêche pas d'émanciper son enfant du premier lit : mais elle devra pour cela obtenir l'autorisation de son mari, quoique ce soit elle seule qui exerce la puissance paternelle sur son enfant : il est bon, en effet, de laisser au second mari un certain droit de contrôle. D'ailleurs, si celui-ci refusait son autorisation sans motifs, la femme pourrait toujours demander celle du tribunal.

(1) Marcadé, tome II, page 267.

On a fort discuté le point de savoir si la mère pourrait émanciper son enfant dans le cas où le père serait seulement dans l'impossibilité d'exercer la puissance paternelle, soit pour cause d'absence présumée ou déclarée, soit pour cause d'interdiction. Disons, tout d'abord, que le doute vient des différentes interprétations que les auteurs ont données à ces mots : *à défaut de père*, contenus dans l'art. 477. Sur cette question, quatre systèmes principaux se sont produits.

Le premier refuse dans tous les cas à la mère le droit d'émanciper son enfant. Celle-ci, dit-on, n'exerce du vivant du mari la puissance paternelle que par délégation. On ne peut donc lui accorder le droit de porter une aussi grave atteinte aux droits du père, qui peut revenir à la raison s'il était fou, ou reparaître s'il était absent. Ce système s'appuie sur l'art 477, qui dit : *à défaut de père*; il est enseigné par Proudhon (1) et par Toullier (2). Quelle que soit l'autorité qui s'attache à ces deux noms, nous ne pouvons point accepter ce système. Nous ferons remarquer, en effet, que ces savants auteurs, écartant l'intérêt du mineur, ne tiennent compte que de celui du père, ce qui est entièrement contraire au but de la puissance paternelle et à l'esprit même de la loi. La puissance paternelle est établie dans l'intérêt de l'enfant, et cet intérêt ne doit jamais rester en souffrance par suite

(1) Proudhon, tome II, pages 425-427.
(2) Toullier, tome II, n° 1237.

de l'impossibilité où se trouverait le père de remplir la mission que lui confèrent la nature et la loi.

Le second système repose sur une distinction entre le cas où l'enfant a moins de dix-huit ans, et celui où il a atteint cet âge. Au premier cas seulement, la mère n'a point le droit d'émanciper l'enfant mineur, car elle priverait ainsi le père de l'usufruit légal que, bien qu'absent ou interdit, il conserve sur les biens de son enfant (Art. 384). Toutefois, la mère pourra émanciper l'enfant même âgé de moins de dix-huit ans, si le père est en état d'absence déclarée. Ce système, enseigné par Marcadé (1), repose sur une distinction entre l'absence déclarée et l'interdiction. Mais c'est une distinction tout à fait arbitraire. En effet, s'il est possible que l'interdit puisse recouvrer la raison, il est fort possible aussi que l'absent reparaisse. On objecte bien que l'absence déclarée équivaut au décès ; nous répondrons que cette proposition est, d'après la théorie même de l'absence, beaucoup trop générale, et que, dans tous les cas, cette espèce de mort intellectuelle et morale qui résulte du dérangement des facultés doit équivaloir ici à la mort physique, puisque en ce qui concerne l'enfant, elle produit la même impossibilité, la même incapacité.

Dans un troisième système, enseigné par Duranton, on cherche à concilier les droits du père et l'intérêt de l'enfant, et l'on soutient que la mère pourra tou-

(1) Marcadé, art. 477, alinéa 2.

jours émanciper son enfant mineur, avec cette réserve
que s'il a moins de dix-huit ans, le père conservera
son usufruit légal. Mais ce système est manifestement
contraire aux dispositions de l'art. 384 qui fait cesser l'usufruit légal au jour de l'émancipation. Que deviendrait alors l'art. 481 qui donne au mineur le
droit d'administrer ses biens, de recevoir les revenus,
et quelle serait la portée de cet article si, malgré
l'émancipation, le père conservait les droits que ce
texte lui enlève formellement ?

Enfin, on admet dans un quatrième système que le
droit d'émanciper l'enfant appartient à la mère, non-
seulement lorsque le père est mort, mais encore quand
il est privé de la puissance paternelle ou qu'il ne
peut plus l'exercer pour cause d'interdiction ou d'absence. Et remarquons encore une fois que l'intérêt
matériel, pécuniaire ne saurait l'emporter, si puissant
qu'il soit, sur l'intérêt de l'avenir d'un enfant que sa
mère aura jugé digne de l'émancipation. Et d'ailleurs,
est-il fréquent de voir une fortune personnelle à des
enfants dont le père et la mère sont encore en vie ?
Serait-il alors rationnel, ainsi que le font observer
MM. Aubry et Rau, « de se fonder sur un état de choses exceptionnel pour refuser en principe à la mère le
droit d'émancipation ! » Ce système nous paraît être
le plus conforme à l'esprit de la loi et aux véritables
intérêts de l'enfant. Aussi nous n'hésitons pas à
l'adopter.

II. — « Cette émancipation s'opèrera, dit l'art. 477,

2° par la seule déclaration du père ou de la mère, reçue par le juge de paix assisté de son greffier. »

Aujourd'hui, l'acceptation de l'enfant n'est plus
nécessaire. — A l'idée de contrat intervenant entre le
père ou la mère et l'enfant, s'est substituée l'idée d'un
acte souverain de puissance paternelle ou d'autorité
domestique que l'enfant ne peut ni provoquer ni cri-
tiquer. L'enfant n'a point le droit de former devant
les tribunaux opposition à son émancipation.

L'art. 477 exclut pour l'émancipation l'usage de la
forme notariée. Le silence du Code sur ce point est
d'autant plus significatif que cette forme avait été
admise dans le projet primitif, et que la rédaction
définitive ne l'a point reproduite.

Nous ne voyons aucun obstacle, ni dans les textes
ni dans les principes, à ce que le mineur soit émancipé par mandataire, pourvu toutefois que la procuration dont il est muni soit spéciale et authentique;
disons enfin que le juge de paix compétent sera celui
du domicile du mineur.

§ 2. — *Le mineur est seulement en tutelle.*

I. — Cette deuxième hypothèse est prévue par
l'art. 478, qui est ainsi conçu : « Le mineur resté
sans père ni mère pourra aussi, mais à l'âge de dix-
huit ans accomplis, être émancipé si le conseil de
famille l'en juge capable. » La loi n'a point voulu

confier ce droit au tuteur seul, car elle avait à craindre de sa part une trop grande indifférence pour les affaires du pupille ou un empressement trop imprudent à se démettre de ses fonctions. A l'égard du conseil de famille, ce danger était moins à redouter. C'est donc au conseil de famille que la loi confie le soin de décider si le mineur est capable ou non d'être émancipé. Sa délibération est souveraine, soit qu'il refuse, soit qu'il prononce l'émancipation. Mais comme il ne se réunit qu'à des intervalles qui n'ont rien de fixe et seulement sur convocation expresse, l'art. 479 a dû conférer à certaines personnes le droit de provoquer la réunion pour délibérer sur l'opportunité de l'émancipation.

Tout d'abord, le tuteur peut requérir l'émancipation du mineur. Mais la loi qui devait prendre en considération la possibilité d'une trop grande négligence, comme aussi d'un empressement excessif, a prévu le cas où le tuteur refuserait d'agir. Dans cette circonstance, le droit de requérir la convocation du conseil de famille passe, conformément à l'art. 479, à un certain nombre de parents ou alliés du mineur, au degré de cousin germain ou à des degrés plus proches, alors même que ces parents ne feraient point partie du conseil de famille ; quands ils usent de ce droit, le juge de paix doit déférer à leur réquisition.

Mais que faudrait-il décider au cas où c'est le mineur lui-même ou un parent plus éloigné en degré que ceux mentionnés dans l'art. 479 qui requiert la convocation? Quelques jurisconsultes, et notamment Toullier (1), Proudhon (2) et Zachariæ (3), accordent ce droit au mineur lui-même. D'autres, au contraire, invoquant le danger qu'il y aurait à étendre outre mesure le cercle des personnes autorisées à provoquer l'émancipation, par suite de leur indifférence, de leur légèreté ou même de leur ignorance et aussi à cause de l'impatience ou de la trop grande présomption du mineur, refusent à celui-ci comme à ceux-là une pareille faculté. Mais pourraient-ils au moins inviter le juge de paix à convoquer le conseil de famille? Cette question, ainsi que le fait observer M. Demolombe, revient à se demander si le juge de paix peut convoquer d'office le conseil de famille, à l'effet de délibérer sur l'émancipation du mineur. Si oui, rien ne s'oppose à ce que le mineur ait ce droit, et cette opinion nous paraît tout à fait rationnelle; elle semble résulter, en effet, de l'art. 414, qui déclare que le juge de paix pourra ajourner ou proroger l'assemblée. Les art. 406, 421 et 446 ne sont donc pas limitatifs. Et, d'ailleurs, quel inconvénient y aurait-il à laisser au juge de paix la faculté de déférer à cette demande ou de n'en pas tenir compte, alors surtout qu'il peut ne pas y avoir de parents ou que ceux mentionnés dans l'art. 479 montrent une trop grande indifférence?

(1) Toullier, tome II, nº 1290.
(2) Proudhon, tome II, page 123.
(3) Zachariæ, tome I, page 243.

Le subrogé tuteur n'a point qualité pour convoquer le conseil de famille, mais il peut toujours avertir le juge de paix.

Le ministère public ne peut non plus procéder en cette matière, ni par voie de réquisition ni par voie d'invitation.

D'après l'art. 478, le conseil de famille n'a le droit d'émanciper l'enfant que quand celui-ci est sans père ni mère. Faut-il comprendre dans ces termes seulement le cas où le père et la mère sont morts, ou bien tous les cas où ceux-ci se trouvent dans l'impossibilité d'émanciper leur enfant, par exemple quand l'un d'eux ou tous deux sont absents ou interdits? Nous avons examiné une question analogue, à propos du sens qu'il fallait attacher à ces mots de l'art. 477 : *à défaut de père*, et nous avons démontré que dans cette hypothèse le droit d'émanciper appartient à la mère, non seulement lorsque le père est mort, mais encore lorsqu'il est privé de la puissance paternelle ou qu'il ne peut pas l'exercer par suite d'interdiction ou d'absence. Nous en dirons autant à propos des dispositions de l'art. 478, sauf au tribunal à s'assurer si l'émancipation est réellement utile au mineur. Si les père et mère sont déclarés absents, le conseil de famille pourra conférer l'émancipation,

Mais que faut-il décider lorsque les deux époux sont tous deux interdits ou déchus de la puissance paternelle? Ici la question est plus délicate à résoudre; le doute naît de ce que, dans cette hypothèse, il n'y a ni tutelle ni conseil de famille. Marcadé (1) soutient que le conseil de famille ne peut pas émanciper le mineur, « attendu, dit-il, qu'il n'y a pas encore ouverture de la tutelle et que, dès lors, il n'existe pas de conseil de famille. Et ce qui prouve que la loi entend que le conseil de famille n'émancipe que quand il y aura tutelle, c'est que l'art. 479 suppose que c'est le tuteur qui devra, avant tous autres, s'occuper de faire assembler le conseil pour cet objet. » Ce système est sans doute très rigoureux pour l'enfant, car il se trouve dépourvu de toute espèce de protection, et cependant le texte de la loi semble bien confirmer cette opinion. Mais ce serait un résultat bien fâcheux, puisque l'émancipation pourrait être impossible pendant toute la durée de la minorité. Or, les effets de la puissance paternelle peuvent-ils être ainsi paralysés lorsqu'on réfléchit qu'elle est toute dans l'intérêt de l'enfant? Ces considérations, si justes et si fondées, nous autorisent à croire qu'en l'absence de tout texte, le conseil de famille peut, même au cas où les père et mère sont interdits, conférer à l'enfant le bénéfice de l'émancipation.

II. — Dans l'hypothèse que nous venons d'examiner, l'émancipation résultera, dit l'art. 478, de la délibération qui l'aura autorisée et de la déclaration que le juge de paix, comme président du conseil de famille, aura faite dans le même acte, que le mineur est émancipé. »

(1) Marcadé, tome II, art. 479, alinéa 1.

§ 3. — *Émancipation des enfants naturels et des enfants abandonnés dans les hospices.*

Le droit d'émanciper appartient tant aux père et mère naturels qu'aux père et mère légitimes, puisque l'émancipation est une conséquence de la puissance paternelle. Voyons donc comment devra être émancipé l'enfant naturel.

S'il a été reconnu légalement, on suivra les mêmes règles que s'il était légitime, et les art. 477 et 478 devront recevoir leur pleine application. S'il a été reconnu par son père et par sa mère, le droit de l'émanciper appartient au père et ce droit passe à la mère quand le père non seulement est mort, mais encore quand il est absent ou déchu de la puissance paternelle. S'il n'a été reconnu que par l'un de ses auteurs, celui-là seul aura le droit de l'émanciper. Ce droit dérive, en effet, de la puissance paternelle, et l'art. 383 assimile à cet égard les parents naturels aux parents légitimes.

Lorsque l'enfant naturel simple n'a pas été reconnu ou bien quand il est adultérin ou incestueux, le droit de l'émanciper appartient à un conseil de famille, composé d'amis ou de personnes notables de l'endroit où l'enfant a son domicile. Dans cette hypothèse, en effet, il ne peut être question de parents, puisqu'aux yeux de la loi cet enfant ne se rattache à personne.

II. — Les enfants abandonnés admis dans les hospices sont régis par la loi du 15 pluviôse an XIII. L'art. 4 de cette loi a conféré aux commissions administratives des hospices tous les droits attribués aux père et mère par le Code civil. Ces enfants peuvent donc être émancipés à l'âge de quinze ans. L'émancipation est faite sur l'avis des membres de la commission administrative par celui d'entr'eux qui a été nommé tuteur et qui est seul tenu de comparaître devant le juge de paix.

DEUXIÈME PARTIE

DE LA CURATELLE

La nomination d'un curateur est la suite nécessaire et comme le complément de l'émancipation elle-
même. Placé dans un état intermédiaire entre celui
de majeur et celui de mineur, l'émancipé a besoin
de l'assistance d'un curateur pour faire les actes les
plus importants.

Le silence du code sur la nomination de ce curateur, sur le caractère de ses fonctions, sur les causes
d'excuse et d'incapacité est fort regrettable. C'est
aux principes généraux et aux analogies tirées de la
tutelle que nous devons forcément recourir pour
comprendre et expliquer ce qu'il a laissé à l'interprétation des commentateurs.

I. — En ce qui concerne la nomination du curateur, l'art. 480 nous dit qu'elle appartient au conseil
de famille. D'où il faut conclure qu'il n'y a pas de
curatelle testamentaire; que le père ou la mère ne
peut faire cette nomination, soit dans l'acte d'émancipation, soit par une déclaration devant le juge de
paix. Cependant, l'on peut dire que ces différentes

espèces de nomination auraient été aussi rationnelles et aussi prudentes que celle qui est faite par le conseil de famille, car on ne peut pas supposer légitimement à ces parents plus d'affection et de prévoyance dans le choix du curateur que n'en aurait mis le père ou la mère pour éviter à leur enfant un curateur inhabile ou imprudent. Mais en présence du silence du code sur ce point, l'interprétation la plus équitable ne saurait suppléer à cette lacune.

Cette curatelle peut-elle être légitime? L'absence de textes, relatifs à cette question, la rend très délicate, et les cas sur lesquels le législateur s'est exprimé formellement ne font point avancer la solution à donner à ceux dont il n'a point parlé.

Le premier cas sur lequel le législateur s'est prononcé concerne l'enfant émancipé qui se trouvait dans un hospice avant son émancipation. L'art. 5 de la loi du 15 pluviôse an XIII déclare que le receveur chargé de la manutention des deniers et de la gestion des biens remplira les fonctions de curateur.

Le second cas concerne le mari majeur. Il est curateur légitime de sa femme mineure, émancipée par le mariage. Cette décision est commandée par des raisons de convenance et par le respect dû à la puissance maritale. L'at. 2208 la consacre implicitement quand il déclare que l'expropriation des immeubles de la femme qui ne sont pas entrés en communauté se poursuit, au cas de minorité de la femme, contre elle et son mari. Enfin, l'art. 506 déclare que le mari est de droit tuteur de sa femme interdite. La réciproque ne serait pas vraie, et il est inutile d'insister pour montrer ce qu'aurait de fâcheux et de réellement contraire aux convenances la position d'un mari mineur, placé sous la curatelle de sa femme majeure. Les mêmes raisons ne l'exigent pas et aucun texte ne confère ce droit à la femme.

Tels sont les deux cas sur lesquels le législateur a cru nécessaire de s'exprimer. Revenant à notre point de départ, demandons-nous si la curatelle peut être légitime.

Sur ce point, cinq systèmes principaux se sont produits. Le plus absolu de tous est enseigné par Delvincourt (1). Il applique au mode de nomination du curateur toutes les règles applicables à la nomination du tuteur et décide que la curatelle légitime de l'émancipé appartient, non-seulement au père ou à la mère (art. 390), mais encore aux autres ascendants (art. 402, 404), car, dit-on, quel danger ou quel inconvénient y aurait-il à conférer au père ou à la mère et aux autres descendants qui peuvent remplir les fonctions de tuteur, des fonctions beaucoup moins importantes, celles de curateur? D'ailleurs, quel est le texte qui s'y oppose? L'art. 480 est muet, et la seule manière d'expliquer ce silence, c'est de s'en rapporter, pour tout ce qu'il ne dit pas, aux règles établies pour la nomination du tuteur.

Un deuxième système restreint le premier et n'accorde qu'au père et à la mère seulement la curatelle

(1) Delvincourt, tome II, page 126, note 3.

légitime. Zachariæ, qui soutient un troisième système, va même jusqu'à exclure la mère de la curatelle légitime et ne l'attribue qu'au père seul.

Un quatrième système, proposé par Marcadé, établit une distinction : ou bien l'émancipation a été conférée au mineur pendant le mariage par le père ou la mère, et alors la curatelle légitime appartiendra à celui qui l'aura émancipé; ou bien l'émancipation a été conférée après la dissolution du mariage, auquel cas le curateur est datif : « Au premier cas, dit cet auteur, comment le père qui exerce sans aucun contrôle de la famille la gestion des biens de l'enfant se verrait-il enlever, par suite d'une émancipation qui n'émane que de sa volonté, jusqu'au droit d'assister cet enfant comme curateur ? » Dans le second cas, au contraire, il y a tutelle; donc, il faut rendre compte; donc, les art. 405, 421 et 480 sont applicables et la curatelle est dative. Cette distinction nous paraît trop subtile pour pouvoir être acceptée. En effet, si le père qui émancipe pendant le mariage est curateur légal, comment peut-il se faire que le survivant des époux, qui émancipe après le mariage. ne devienne pas à son tour curateur légal, alors qu'il était déjà tuteur légal? Dans les deux hypothèses, l'émancipation n'émane-t-elle pas de la puissance paternelle? Cette distinction ne ressort d'ailleurs nullement des textes. Les art. 477 et 478, qui prévoient les différentes hypothèses d'émancipation, n'ont point admis, ne pouvaient point admettre une semblable distinction.

Enfin, un cinquième système qui, d'après nous, est le plus simple, enseigne que la curatelle est toujours dative. *Aucun* texte n'établit une curatelle légale. L'art. 480 ne parle que de la nomination du curateur par le conseil de famille. Les art. 482, 840 et 935 supposent le curateur déjà nommé, sans se préoccuper et sans faire mention du mode de nomination. En résumé et en dehors de la curatelle légale des enfants admis dans les hospices, et de celle des femmes mariées, il n'y a pas de curatelle légitime.

Quel sera le juge de paix compétent pour recevoir l'acte d'émancipation et, par suite, quels seront le siège et le personnel du conseil de famille appelé à nommer le curateur? Marcadé soutient (1) que « pendant l'émancipation, la compétence du juge et, par suite, le siège et la composition du conseil de famille suivront le domicile du mineur, tant qu'il n'y aura pas eu nomination du curateur; mais que du moment où un curateur aura été nommé par le conseil, le siège de ce conseil devra rester invariable. » C'est par analogie avec le droit qu'il attribue au tuteur légitime ou testamentaire de pouvoir déplacer le siège de la tutelle que Marcadé le décide ainsi, à l'égard du curateur. MM. Demolombe (2), au contraire, et Valette (3) enseignent que, dans tous les cas, le juge de paix compétent pour convoquer le conseil de famille doit toujours rester le même et que

(1) Marcadé, tome II, art. 480, § 2.
(2) Demolombe, tome VIII, n° 245.
(3) Valette sur Proudhon, tome II, page 313.

c'est dans tous les cas celui du lieu de l'ouverture de la tutelle ou celui du domicile du père, si l'émancipation a eu lieu pendant le mariage.

II. — Examinons maintenant les différents caractères qui constituent la fonction de curateur.

Et d'abord, la curatelle est-elle une charge publique, obligatoire comme la tutelle? Le doute vient de ce que l'art. 1370, relatif aux engagements qui se forment sans convention, ne cite parmi les fonctions qui ne peuvent être refusées que celles de tuteur et autres administrateurs. Ces expressions ne s'appliquent pas au curateur, puisqu'il n'administre pas. Et cependant, c'est l'opinion contraire que nous devons adopter. Car la curatelle, dit M. Demolombe, répond au même besoin social que la tutelle; elle n'en est qu'une suite et, pour ainsi dire, un diminutif. Il est à présumer que si le code est muet sur ce point, c'est qu'il a voulu suivre la règle de l'ancien droit, ainsi formulée : « Tuteur et curateur n'est qu'un. » D'ailleurs, l'art. 34 de la loi de 1838 sur les aliénés, et l'art. 34-2° du Code pénal démontrent suffisamment l'idée du législateur.

Nous devons également admettre l'opinion qui veut que les causes d'incapacité, d'exclusion ou de destitution admises en matière de tutelle soient étendues à la curatelle. D'abord, l'assimilation faite par les articles 34 et 42 du Code pénal confirme cette induction, et puis, quoique les dangers paraissent moindres pour le mineur émancipé que pour le mineur en tutelle, il n'est pas possible de croire que la loi ait voulu confier ce genre de fonctions à des personnes suspectes ou indignes de sa confiance. Pour les causes d'excuse, il faut appliquer par analogie les règles admises en matière de tutelle. Aucun texte, il est vrai, n'applique à la curatelle ces sortes d'excuse, et il est encore vrai que ces fonctions, moins difficiles à remplir que celles de tuteur, n'exigent pas autant de temps et ne demandent pas un travail et des aptitudes aussi considérables. Mais ces considérations aboutissent à une solution arbitraire que nous ne devons pas accepter, parce que nous la croyons trop contraire à l'esprit de la loi, aux intérêts du mineur et à l'intention du législateur.

La curatelle est une charge générale et permanente. Le curateur n'administre pas et il n'a pas de subrogé-curateur. Quand il a des intérêts opposés à ceux du mineur émancipé, on nomme à celui-ci un curateur *ad hoc*, chargé de remplacer le premier dans cette circonstance. Le curateur reste en fonctions pendant toute la durée de la curatelle; il ne fait qu'assister le mineur et n'intervient que pour compléter sa capacité, relativement aux actes les plus importants. Mais il est soumis à la responsabilité de droit commun imposée à tout mandataire par les articles 1382, 1383 et 1992.

Disons enfin que la curatelle finit par la mort ou la majorité du mineur, comme aussi par la mort, la destitution ou l'incapacité du curateur.

TROISIÈME PARTIE

EFFETS DE L'ÉMANCIPATION

Les effets de l'émancipation sont relatifs : 1° à la personne du mineur, en ce qu'elle met fin à la puissance paternelle ou à la tutelle; 2° à ses biens, en ce qu'elle lui donne, dans une certaine mesure, le droit d'administrer sa fortune.

Nous avons donc à étudier maintenant la capacité du mineur, au double point de vue de sa personne et de ses biens, après que l'émancipation lui a été conférée.

CHAPITRE PREMIER

Effets relatifs à la personne du mineur.

Une fois acquise au mineur, l'émancipation le délivre de la puissance paternelle ou de la tutelle. Elle le rend indépendant et maître de ses actions. A partir de ce moment, le droit de garde et le droit de correction prennent fin (372, 374). Il peut choisir et

garder un domicile propre; il peut employer, consacrer son temps aux occupations qui lui conviennent
et lui paraissent être le plus en rapport avec ses
goûts et ses aptitudes; il peut louer ses services, entrer en apprentissage, exercer un état, sauf les restrictions apportées à l'état de commerçant pour lequel
on exige des conditions spéciales et dont nous nous
occuperons plus tard.

Néanmoins, il y a des engagements tellement graves qu'il serait imprudent de les lui laisser contracter seul. Ainsi, il ne peut contracter mariage sans le
consentement de ses parents (art. 488), ni se donner
en adoption sans le consentement de ses père et
mère (art. 346). Les décrets du 18 février 1809 et du
28 février 1810 lui défendent même de contracter des
vœux dans une congrégation religieuse ou dans les
ordres sacrés.

Mais peut-il contracter un engagement volontaire
lorsqu'il a atteint l'âge fixé par la loi du 21 mars 1832
et le décret du 10 juillet 1848, c'est-à-dire seize ans
pour l'armée de terre et dix-sept pour l'armée de
mer? La négative s'appuie sur l'art. 374 du Code
civil et sur l'art. 32 de la loi de 1832 qui, modifiant
l'article 374, déclare que l'engagé volontaire, âgé de
moins de vingt ans, doit justifier du consentement
de ses père et mère ou de son tuteur, autorisé par
une délibération du conseil de famille. Ces textes,
dit-on, ne distinguent point si le mineur est ou non
émancipé. Nous croyons que cette opinion n'est pas
fondée et nous pensons : 1° que l'art. 374 est inappli-

cable, puisque l'émancipé peut quitter la maison paternelle et faire ce que bon lui semble ; 2° que l'art. 32
de la loi de 1832, parlant de tuteur, ne s'applique pas
plus que le précédent au mineur émancipé, puisque
celui-ci n'a point de tuteur ; 3° que si la loi permet
au mineur de vingt ans non émancipé de s'engager
seul, on ne saurait refuser le même droit à celui que
ses parents ont jugé digne de l'émancipation. En
conséquence, nous pensons, avec M. Demolombe (1)
et MM. Aubry et Rau (2), que le mineur émancipé
peut seul contracter un engagement volontaire.

CHAPITRE II

Effets relatifs aux biens du mineur.

Le mineur, quoique émancipé, n'acquiert pas la
libre administration de sa fortune. Le code civil distinguant plusieurs catégories d'actes gradue, suivant
l'importance de chacun d'eux, les précautions à prendre et les formalités à remplir.

Nous examinerons la capacité du mineur relativement à chacune de ces catégories d'actes.

(1) Demolombe, tome VIII, page 264 et 265.
(2) Aubry et Rau, tome I, page 542, note 2.

SECTION PREMIÈRE

CAPACITÉ DU MINEUR RELATIVEMENT AUX DIFFÉRENTS ACTES DE SA GESTION.

Nous adopterons, pour étudier cette matière, la division admise par la plupart des auteurs; elle consiste à distinguer cinq catégories d'actes :

1° Ceux que le mineur émancipé peut faire seul;

2° Ceux pour lesquels l'assistance du curateur est nécessaire, mais suffisante;

3° Ceux pour lesquels il faut, outre l'assistance du curateur, l'autorisation du conseil de famille ;

4° Ceux pour lesquels il faut l'assistance du curateur, l'autorisation du conseil de famille et l'homologation du tribunal;

5° Ceux qui sont complètement interdits au mineur émancipé.

Voyons les actes qui rentrent dans la première catégorie.

§ 1er. — *Actes que le mineur émancipé peut faire seul.*

Le principe de la capacité du mineur émancipé est posé dans l'art 481 qui déclare qu'il passera les baux

dont la durée n'excédera pas neuf ans, et qu'il fera
tous les actes qui ne sont que de pure administration.
Concluons-en tout de suite qu'il a un pouvoir moins
étendu que celui du tuteur du mineur ordinaire auquel l'art 450 impose l'obligation d'administrer en
bon père de famille, moins étendu aussi que celui de
la femme séparée de biens à laquelle l'art 1449 accorde la libre administration de ses biens.

« Par acte de pure administration, dit M. Demolombe (1), on entend en général tous ceux qui con-
cernent l'administration, la jouissance et l'entretien
du pratrimoine, la tenue de la personne et de la maison, l'exercice d'un travail et d'une industrie quelconque ». Il faudra donc interpréter l'art 481 d'une
façon restrictive et refuser au mineur émancipé le
droit de faire tout acte qui ne réunirait pas les caractères de pure administration. Etudions en détail les
di positions de cet article.

Tout d'abord le mineur émancipé passera les baux
dont la durée n'excédera pas neuf ans. Si le bail
consenti excédait cette période, il serait réduit à la
durée prescrite. Cela résulte, en effet, de la combinaison des art. 1429, 1430 et 1718. Les auteurs et
la jurisprudence sont également d'accord pour décider que le mineur émancipé ne pourrait pas stipuler
qu'on lui paiera par avance ses loyers et fermages :
car, dans cette hypothèse, ils seraient considérés

---

(1) Demolombe, tome VIII, page 262.

comme un capital pour la réception duquel l'assistance du curateur devient nécessaire (art 482).

L'expression *donner décharge* doit s'entendre dans le sens de donner quittance et non pas faire remise ; ce dernier sens serait, en effet, inexact, le mineur ne pouvant pas consentir de libéralités. Mais nous devons ajouter que ces expressions sont, dans l'art 481, complètement inutiles puisque la capacité de recevoir accordée au mineur implique comme conséquence celle de reconnaître ce qu'il a reçu. Cette expression étant inutile dans ce sens, certains auteurs en ont conclu qu'il fallait lui attribuer la signification que nous considérons comme inexacte.

Le mineur ne pourra donc pas accorder à ses locataires ou fermiers remise totale ou partielle du prix du bail, sauf, pour les baux à ferme, ce qui est dit aux art. 1769 et 1770.

De ce que le mineur peut recevoir ses revenus, on en a conclu qu'il pouvait lui-même vendre ses récoltes et les coupes ordinaires de ses bois. Cette solution est fort juste, car de pareils actes constituent une simple administration. Mais peut-il aliéner son mobilier corporel ? Cette question est vivement controversée. Troplong déclare qu'il n'a pas ce droit (1), et il se fonde sur l'art 482 qui défend au mineur émancipé de recevoir seul un capital mobilier. Mais cette opinion est combattue par la plupart

(1) Troplong, Vente, n° 167.

des auteurs et notamment par MM. Aubry et Rau(1);
« on ne trouve, disent-ils, aucune trace de cette
restriction dans les dispositions relatives à cette matière. » Cette faculté accordée au mineur s'explique
d'ailleurs suffisamment par l'influence de l'ancienne
maxime : « *Vilis mobilium possessio.* »

Le mineur émancipé peut prendre lui-même à bail
les biens d'une autre personne; il peut acheter des
meubles, de l'argenterie, des objets de toute nature,
les animaux qui lui sont nécessaires, louer des ouvriers et des domestiques. Mais peut-il acheter des
immeubles? La cour de cassation a consacré l'affirmative, (2) et Marcadé soutient la même opinion.
L'art. 484, 2°, permet implicitement au mineur,
dit-on, de faire des achats, sans distinguer entre les
achats de meubles et les achats d'immeubles. L'opinion de M. Demolombe (3) nous paraît préférable.
Ce savant auteur établit une distinction. Le mineur
émancipé peut acheter un immeuble en tant qu'il ne
fait que disposer de ses revenus; en ayant la disposition, il peut les consommer; il peut, à plus forte
raison, les économiser et en faire ensuite l'emploi
que bon lui semble : il peut donc acheter des immeubles, comme il pourrait acheter des rentes sur l'Etat.
Mais, aux termes de l'art. 482, dit-il, il ne peut pas
faire emploi d'un capital sans l'assistance de son

(1) Aubry et Rau, tome I, page 548, note 3.
(2) C. de cass. 15 décembre 1832. — Dallos, 1833, I, 133.
(3) Demolombe, tome VIII, n°° 291-293.

curateur; donc, il ne pourrait pas, seul, placer ses capitaux en acquisition d'immeubles.

Le mineur émancipé peut également faire par lui-même tous les actes conservatoires de ses droits, tels que renouvellement d'inscription hypothécaire, opposition, réquisition des scellés. Il peut assurer ses récoltes ou ses maisons, faire des réparations d'entretien sur ses immeubles ou des travaux d'amélioration, pourvu que les dépenses occasionnées par ces actes restent dans les limites de la simple administration. Il peut plaider seul, en ce qui le concerne, soit comme demandeur, soit comme défendeur, l'art. 482 n'exigeant l'assistance du curateur que relativement aux actions immobilières.

Quant à la transaction et au compromis, certains auteurs sont d'avis de les permettre au mineur émancipé, pourvu toutefois qu'ils n'excèdent pas les limites d'une bonne administration. Pour autoriser la transaction, on s'appuie sur un passage de l'exposé des motifs où Bigot-Préameneu disait : « Le mineur émancipé pourra transiger sur les objets d'administration qui lui sont confiés et dont il a la disposition. » Donc, dit-on, le mineur est capable de transiger sur ses revenus (art. 481); il peut, avec l'assistance de son curateur, transiger sur le compte de gestion, et même sur un capital mobilier; mais, à tous autres égards, il est soumis aux formalités de l'art. 467. Nous n'admettons pas cette opinion, et nous croyons que les distinctions qu'elle établit doivent être repoussées, parce qu'elles sont arbitraires et que la loi ne les confirme nulle part. Il vaut donc mieux s'en tenir uniquement à l'art. 467, quels que soient d'ailleurs les inconvénients qu'on puisse y rencontrer. D'ailleurs, pour transiger valablement, il faut avoir la libre disposition du droit sur lequel on transige; or, le mineur émancipé n'a pas la libre disposition de ses droits mobiliers, puisqu'il ne peut pas les aliéner à titre gratuit. Cette opinion est soutenue par Demante (1), qui refuse formellement au mineur le droit de transiger.

Pour autoriser le compromis, on s'est fondé sur l'art. 1003 du Code de procédure civile, qui accorde la faculté de compromettre à toutes personnes sur les droits dont elles ont la libre disposition. Or, dit-on, l'art. 481 reconnaît au mineur cette libre disposition à l'égard de certains objets; donc, le mineur peut compromettre. Mais nous avons vu ce qu'il faut entendre par libre disposition. De plus, l'art. 1004 dit formellement que l'on ne peut compromettre sur des contestations sujettes à communication au ministère public. Or, l'art. 83, 6°, du même code range dans cette catégorie les causes des mineurs.

Le mineur émancipé peut-il valablement consentir une hypothèque sur ses immeubles pour sûreté des obligations que la loi lui permet de contracter? Cette question est très controversée. Elle a été vivement discutée autrefois, et, quoiqu'elle le soit moins aujourd'hui, nous devons cependant exposer l'ensemble

(1) Demante, *Cours analytique*, tome II, n° 227 et 227 bis.

des arguments qui militent en faveur des deux opinions contraires.

L'affirmative a été soutenue par Toullier (1) et par Duranton (2), et voici les principaux arguments sur lesquels ils ont appuyé leur opinion :

1° La loi permet au mineur de s'obliger dans une certaine mesure, et, tant qu'il ne la dépasse pas, ses obligations sont aussi valables que celles d'un majeur; donc, ses biens mobiliers et immobiliers sont, d'après le droit commun, le gage de ses créanciers (art. 2092). D'ailleurs, l'hypothèque n'est que l'accessoire et la faculté de s'obliger personnellement doit entraîner la capacité de consentir une hypothèque pour sûreté de l'obligation qu'on a le pouvoir de contracter.

2° La constitution d'hypothèque n'est pas interdite au mineur émancipé; on objecte que l'hypothèque contient le germe de l'aliénation et qu'elle doit, en conséquence, être comprise dans la formule générale de l'art. 484; mais il faut dire que le germe de l'aliénation se trouve non pas dans la constitution d'hypothèque, mais dans l'obligation elle-même : car du moment où cette dernière est valable, le créancier a le droit de faire saisir les immeubles; donc, si l'obligation est déclarée valable, pourquoi l'hypothèque ne le serait-elle pas également ?

(1) Toullier, tome II, n° 1298.
(2) Duranton, tome III, n° 673.

3° L'art. 2101 accorde sur les biens mobiliers du mineur un privilége aux tiers qui lui ont fait les fournitures prévues par cet article. L'art. 2103, 4°, accorde également un privilége aux architectes et ouvriers qui ont travaillé pour le compte du mineur émancipé. L'art. 2123 accorde enfin une hypothèque judiciaire frappant les biens du mineur qui a plaidé relativement à l'administration de ses biens et qui a perdu le procès. Or, s'il en est ainsi, pourquoi ne pas admettre que le consentement du mineur puisse produire le même résultat que les causes dont nous venons de parler?

4° L'hypothèque offre au mineur cet avantage que le créancier est obligé de discuter d'abord les immeubles qui lui sont affectés, et n'a pas le droit de saisir celui qui lui convient le plus.

5° Si le mineur ne peut pas hypothéquer ses immeubles, comment expliquer que ses biens puissent être grevés d'une hypothèque judiciaire ou d'un privilége?

6° Enfin nous trouvons un dernier argument dans l'art. 6 du Code de commerce, qui permet au mineur émancipé de consentir des hypothèques sur ses immeubles, bien qu'il ne puisse pas les aliéner.

Tels sont les arguments principaux en faveur de l'affirmative; mais nous croyons que cette doctrine est inadmissible : elle est, en effet, contraire aux textes et même aux véritables intérêts du mineur.

1° Et d'abord, est-il bien vrai de dire que la validité de l'obligation principale doit entraîner la validité de l'obligation accessoire, et, dans l'espèce, de l'hypothèque? Évidemment, non; autre chose, en effet, est l'hypothèque, autre chose l'obligation principale. Sans doute, il n'y a pas d'hypothèque valable sans obligation principale. Mais la validité de l'obligation principale n'entraîne pas nécessairement la validité de l'obligation accessoire. L'obligation personnelle peut être, à la rigueur, rangée dans la catégorie des actes de pure administration qu'on peut permettre au mineur émancipé. Mais l'hypothèque peut-elle être raisonnablement considérée comme un acte de pure administration? Non, certainement : « elle communique à l'obligation personnelle, dit M. Demolombe, une gravité que cette obligation n'aurait point par elle-même et par elle seule, une gravité exceptionnelle et insolite, quand il s'agit de simples actes de pure administration. »

2° L'hypothèque est toujours interdite au mineur. Que dit, en effet, l'art. 2124? Que les hypothèques conventionnelles ne peuvent être consenties que par ceux qui ont la capacité d'aliéner les immeubles qu'ils veulent y soumettre. Or, le mineur émancipé a-t-il le droit d'aliéner ses immeubles? Nous savons que cette aliénation lui est interdite. D'ailleurs, l'art. 2126 fait-il une distinction entre les mineurs émancipés et ceux qui ne le sont pas? Nous soutenons, au contraire, qu'une telle distinction est opposée à l'esprit même de cet article; car, pourquoi n'aurait-on pas admis que les mineurs émancipés seraient compris dans les termes de l'art. 2126?

Nous ne saurions admettre, non plus, que l'art. 484 autorise l'hypothèque. S'il ne la mentionne pas, il ne faut pas en conclure qu'elle est permise au mineur émancipé, car cet article ne mentionne pas non plus l'acceptation d'une succession, et cependant il ne peut point accepter seul, nous le savons, une succession qui vient à lui échoir.

3° Les biens du mineur, dit-on encore, peuvent être frappés d'hypothèques judiciaires et de privilèges; pourquoi ne pas admettre que son consentement suffit pour accorder une hypothèque conventionnelle? Mais c'est précisément parce que dans les cas prévus par les articles 2101, 2103 et 2124, le consentement du mineur n'est pour rien absolument, parce que c'est la loi elle-même qui attache cette garantie à certaines créances, à raison de leur nature ou de la faveur qu'elles méritent; et ce qui le prouve, c'est que quand il s'est agi de leur assigner telle ou telle place dans l'ordre, elle a déterminé le rang de chacune spécialement.

4° Peut-on de plus raisonnablement soutenir que l'hypothèque n'est nullement nuisible au débiteur? Il est vrai que le créancier doit tout d'abord exercer ses droits sur l'immeuble qui lui a été spécialement désigné et affecté; mais cette hypothèque spéciale empêche-t-elle les autres biens d'être affectés à la sûreté de la dette, en cas d'insuffisance des biens hypothéqués; cette insuffisance même aurait-elle pour résultat de libérer le mineur émancipé des poursuites et des voies de rigueur de ses créanciers? Si l'hypo-

thèque est défavorable au créancier, ce qui est douteux dans la plupart des cas, il faut convenir aussi
qu'elle nuit encore bien plus au débiteur ; « autrement,
dit M. Demolombe, il serait vrai de dire qu'il est plus
avantageux de s'obliger avec hypothèque que de contracter une simple obligation personnelle. »

5° Enfin, si l'article 6 du Code de commerce a permis au mineur commerçant d'hypothéquer ses biens,
c'est que cette faculté n'existait pas au profit du mineur non commerçant ; et si le mineur émancipé peut
hypothéquer seul ses immeubles, l'article 6 du Code
de commerce, qui se justifie par la rapidité des opérations commerciales et la nécessité d'obtenir du crédit, ne se justifie plus, dès lors, et n'a plus sa raison
d'être, puisqu'il ne fait que rappeler un principe certain. Quelle serait donc sa portée, son utilité, s'il se
bornait à répéter une règle admise en droit civil, où
son importance et son avantage se font moins sentir ?

Terminons enfin l'exposé de ces arguments par
une considération fort juste que nous empruntons à
MM. Aubry et Rau (1) : c'est que si le mineur pouvait ainsi hypothéquer ses biens, il aurait à sa disposition un moyen bien facile d'éluder la défense qui
lui est faite de les aliéner, et trouverait ainsi moins
de difficultés pour abuser de sa capacité quand l'occasion s'en présenterait.

Les divers actes que le mineur émancipé est capable de faire seul peuvent être accomplis par lui soit

(1) Aubry et Rau, tome I, page 551, note 12.

au comptant, soit à crédit. On ne pouvait pas, en effet, lui enlever les moyens de pourvoir à ses besoins et à l'entretien de son patrimoine. L'article 85 du projet était ainsi conçu : « Le mineur émancipé ne peut valablement s'engager par promesse ou obligation que jusqu'à concurrence d'une année de ses revenus : s'il s'oblige au-delà, ses créanciers n'auront d'action sur ses biens que pour une somme égale à cette année de revenus, et par concours entre eux, au marc le franc de leurs créances » (1). Cette disposition fut repoussée et avec juste raison, parce que la conséquence d'un tel système aurait privé le mineur de toute espèce de crédit. Cambacérès fit remarquer qu'on enlèverait toute garantie aux fournisseurs, parce qu'il leur serait la plupart du temps impossible de connaître exactement les ressources, les revenus du mineur. Alors, on valida les créances pour les fournitures qui n'excéderaient pas les besoins présumés de l'émancipé. Les obligations personnelles contractées par lui sont donc valables d'après le droit commun, et ses créanciers ont pour gage tous ses biens mobiliers et immobiliers, conformément à l'art. 2092. Mais l'article 2206 leur impose l'obligation de discuter d'abord les biens mobiliers avant de procéder à la saisie des immeubles.

(1) Fenet, tome X, page 565.

§ 2. — *Actes pour lesquels l'assistance du curateur est nécessaire, mais suffisante.*

Nous venons de voir que le mineur émancipé peut faire seul les actes qui ne sont que de pure administration et nous avons passé en revue ces différents actes. Quant à ceux qui n'ont plus ce caractère, le principe général est que l'intervention du curateur est nécessaire pour les accomplir. C'est toujours l'émancipé qui agit, qui accomplit ces actes par lui-même ; mais ils ne sont régulièrement faits qu'autant qu'ils sont accompagnés de cette formalité imposée par la loi. Lorsque ces deux volontés concourent dans le même but ; en d'autres termes : lorsque l'émancipé et le curateur sont tous les deux d'accord pour agir, l'acte est aussi valable et aussi régulier que s'il avait été fait par un majeur. Mais que faudra-t-il décider au cas où ils seront chacun d'un avis différent ?

Supposons d'abord que, le mineur voulant agir, le curateur lui refuse son assistance. Ici, la solution à donner ne peut pas faire doute. Le refus d'assistance de la part du curateur ne saurait paralyser l'exercice des droits du mineur. Aussi, la plupart des auteurs pensent, avec raison, que celui-ci pourra se pourvoir devant le conseil de famille qui enjoindra, s'il y a lieu, au curateur de prêter son assistance, qui pourra le remplacer par un curateur *ad hoc*, ou même par un curateur définitif, si le premier persiste dans sa résistance. Cette solution nous paraît conforme à l'esprit général du Code. C'est ainsi que l'article 218 permet à la femme mariée de s'adresser à la justice, au cas de refus d'autorisation de la part du mari. C'est ainsi également que la mère tutrice de ses enfants est admise à se pourvoir devant le conseil de famille contre le refus d'assistance du conseil à elle nommé par le mari. C'est ainsi enfin que l'individu pourvu d'un conseil judiciaire peut, au cas de résistance de ce dernier, se pourvoir devant les tribunaux.

Si c'est le mineur qui ne veut pas agir, alors que le curateur est tout disposé à l'assister, que faudra-t-il décider? Il s'agit, par exemple, pour le mineur, de faire à l'un de ses immeubles une réparation urgente, de poursuivre un débiteur qui va devenir insolvable, et il ne veut rien faire pour prévenir de pareils inconvénients : il est certain que c'est lui qui gouverne, et que c'est lui seul; le curateur ne fait que l'assister. De ces deux volontés, quelle est celle qui doit prévaloir? Nous pensons que c'est celle du mineur.

Sous le bénéfice de ces considérations préliminaires, entrons dans l'examen des actes qui exigent l'assistance du curateur. Ces actes sont énumérés : 1° dans l'article 480 qui déclare que le compte de tutelle sera rendu au mineur émancipé assisté d'un curateur qui lui sera nommé par le conseil de famille;

2° dans l'article 482, aux termes duquel le mineur émancipé ne pourra intenter une action immobilière, ni y défendre, même recevoir et donner décharge d'un capital mobilier sans l'assistance de son curateur qui, au dernier cas, surveillera l'emploi du capital reçu.

I. — Tout d'abord, le mineur émancipé peut recevoir son compte de tutelle avec la seule assistance du curateur. Sur ce premier point, on a soutenu que le compte de tutelle devait être rendu en justice, parce que cet acte constitue une véritable transaction à laquelle l'article 467 est applicable. Cette opinion ne doit pas être admise, parce que la reddition du compte de tutelle ne constitue pas par elle-même une véritable transaction. S'il s'élève des difficultés entre le mineur et le tuteur, difficultés sur lesquelles il sera nécessaire de transiger, l'article 467 sera sans doute applicable ; mais alors ce ne sera plus la reddition du compte de tutelle qui sera en jeu ; ce sera un point douteux ou obscur sur lequel il faut appeler l'attention du juge, et c'est alors seulement que l'art. 467 sera véritablement applicable. Dans tous les autres cas, ce compte de tutelle sera rendu à l'amiable.

II. — L'article 482 déclare que le mineur émancipé ne pourra point, sans l'assistance de son curateur, recevoir et donner décharge d'un capital mobilier. Mais tout capital n'est-il pas mobilier et ces deux mots ne jurent-ils pas de se trouver ensemble ?

A cette question, nous devons répondre que si l'article 482 s'exprime ainsi, c'est parce qu'à l'époque de sa rédaction, l'article 529, aux termes duquel sont meubles par la détermination de la loi les obligations et actions qui ont pour objet des sommes exigibles ou des effets mobiliers, les actions ou intérêts dans les compagnies de finance, de commerce ou d'industrie sont meubles, cet article 529, disons-nous, n'existait pas encore, et encore parce que les rentes foncières étaient réputées immeubles. Il peut y avoir encore aujourd'hui certains capitaux immobilisés par une disposition expresse, tels que les rentes sur l'État et les actions de la Banque de France, en vertu du décret du 16 janvier 1808 et du 1er mars de la même année.

« Un capital, dit M. Demolombe (1), c'est toute somme qui n'est pas due ni payée à titre d'intérêts, d'arrérages de fruits, jouissance, pourvu qu'elle ait une certaine importance. » C'est à tort, d'après ce savant auteur, qu'on a prétendu que le mineur émancipé qui a la libre disposition de ses revenus peut par là même librement disposer des capitaux provenant des économies par lui faites sur ses revenus. En effet, l'art. 482 est absolu et ne distingue nullement l'origine du capital pour la réception duquel l'assistance du curateur est nécessaire. Si l'on admettait la doctrine, on arriverait à n'appliquer que fort rarement l'art 482, car tous les capitaux ou à peu

(1) Demolombe, tome VIII, n° 298.

près ont leur source dans les économies antérieurement réalisées ; et la circonstance que ces économies ont été faites par le mineur émancipé lui-même ne peut pas avoir pour résultat de le priver de la protection que la loi a jugé prudent de lui accorder.

III. — Le curateur doit surveiller l'emploi du capital reçu par le mineur avec son assistance. De cette règle posée par l'art. 482 nous pouvons raisonnablement conclure qu'il sera responsable du mauvais emploi que le mineur en pourra faire par suite de sa négligence, conformément au droit commun (art. 1383).

IV. — L'assistance du curateur est encore nécessaire au mineur quand celui-ci veut intenter une action immobilière ou y défendre, et dans le dernier cas, le demandeur doit assigner l'émancipé personnellement, ainsi que son curateur. Duranton enseigne que le mineur émancipé a besoin de l'autorisation du conseil de famille lorsqu'il s'agit d'acquiescer à une demande immobilière : « car l'acquiescement, dit-il, peut renfermer une aliénation » (1).

V. — Le mineur émancipé peut répondre à une demande en partage ou même la former (Art. 480), avec l'assistance de son curateur, peu importe qu'il s'agisse de meubles ou d'immeubles. On a prétendu que l'assistance du curateur n'était pas suffisante, et

(1) Duranton, tome 3, n° 690.

qu'il fallait, en outre, l'autorisation du conseil de famille. Nous n'acceptons pas cette opinion, parce que l'art. 840, par sa précision, la condamne formellement. Ce partage sera fait en justice, conformément aux dispositions des art. 819 et 838 du Code civil et 966 et suivants du Code de procédure.

On a conclu de l'art. 840 que la femme mineure qui peut demander la séparation de biens contre son mari peut procéder à cette demande avec la seule assistance de son curateur. Mais, à raison de l'importance d'une telle demande qui met en discussion le maintien ou la dissolution des conventions matrimoniales, il nous semble plus juste et plus prudent d'admettre que l'autorisation du conseil de famille est nécessaire; et si le mari est curateur de sa femme, il est de toute évidence que celle-ci devra demander au conseil de famille un curateur *ad hoc*.

VI. — Le mineur émancipé, à qui une succession est échue, peut-il, sans l'assistance de son curateur, s'emparer des capitaux qui se trouvent dans la caisse du défunt? L'art. 482 est muet sur ce point. La cour de Rouen, par un arrêt du 19 avril 1847 (1), a décidé la question en ce qui concerne l'individu pourvu d'un conseil judiciaire, lequel, d'après l'art. 513, ne peut recevoir un capital mobilier sans l'assistance de son curateur. La cour décida que le conseil, n'ayant pas le droit de pénétrer dans la maison mortuaire, n'avait

(1) Rouen, 19 avril 1847. De Villeneuve, 1847, ii, 313.

pas non plus celui de s'ingérer dans les opérations de l'inventaire et de la liquidation, et que, par conséquent, cet individu pourvu d'un conseil judiciaire pouvait s'emparer, seul, de ces capitaux et en disposer. M. Demolombe (1) applique au mineur émancipé la décision que la cour de Rouen a rendue relativement à l'individu pourvu d'un conseil judiciaire, et bien que cette solution lui paraisse, au point de vue de l'intérêt du mineur et de l'esprit de la loi, pleine de dangers.

VII.— Aux termes de l'art. 935, le mineur émancipé peut, avec la seule assistance de son curateur, accepter une donation entre vifs. Toutefois, ses père et mère et autres ascendants bien qu'ils ne soient pas curateurs, peuvent accepter pour lui. Mais cet art. 935 donne lieu à une difficulté. Il s'agit de savoir si la donation acceptée par le mineur émancipé, assisté de son curateur, produira les mêmes effets qu'à l'égard d'un majeur. La raison de douter vient de ce que, à l'égard du mineur non émancipé, l'article 463 nous dit que la donation acceptée par le tuteur avec l'autorisation du conseil de famille produira le même effet qu'à l'égard d'un majeur. Or, cette mention n'est point reproduite dans l'art. 935. Mais nous pensons, avec MM. Valette et Demante, qu'il ne faut rien conclure de cette omission et que les tribunaux auront, dans ce cas, le droit de déclarer l'acceptation

(1) Demolombe, tome VIII, n° 381.

non avenue, de même qu'ils ont le droit de réformer les décisions du conseil de famille. L'art. 2 de la loi du 24 mars 1806 déclare que l'assistance du curateur suffit au mineur émancipé pour qu'il puisse opérer le transfert de ses rentes sur l'État qui n'excèdent pas 50 francs; le décret du 25 septembre 1813 applique la même décision aux actions de la Banque de France. Au-dessus de ce chiffre, l'autorisation du conseil de famille est nécessaire.

VIII. — Faut-il appliquer ces dispositions aux rentes sur particuliers? ou bien, pour parler plus généralement, le mineur émancipé peut-il, avec la seule assistance de son curateur, vendre et transporter ses créances?

Sur cette question, nous devons étudier la loi du 28 février 1880 relative à l'aliénation des valeurs mobilières appartenant aux mineurs ou aux interdits, et à la conversion de ces mêmes valeurs en titres au porteur. Elle a mis fin à la controverse qui existait sur le point de savoir si l'art. 452 s'applique aux valeurs mobilières. Son but est facile à comprendre : « Par suite d'une transformation économique, à côté des valeurs immobilières, les valeurs mobilières ont pris une importance nouvelle qui s'accroît chaque jour. Aussi les mesures prescrites par la loi pour assurer aux incapables la conservation de leurs biens étaient devenues insuffisantes ». Pour la vente des biens meubles, le législateur n'avait pas pensé qu'il fût nécessaire de la soumettre aux conditions exigées pour l'aliénation des immeubles. Tel était l'esprit et le but du projet de loi qui fut présenté au Sénat le 12 janvier 1878, par M. Dufaure, alors ministre de la justice. L'exposé des motifs démontre combien étaient insuffisants et la loi du 24 mai 1806 et le décret du 25 septembre 1813. En conséquence, le projet de loi suivant fut présenté : il contenait cinq articles, renfermant les dispositions suivantes :

« ARTICLE PREMIER. — Les tuteurs des mineurs ou interdits et les mineurs émancipés ne pourront vendre sans une autorisation préalable du conseil de famille, les rentes, actions, parts d'intérêts, obligations et droits incorporels de toute nature. Le conseil de famille pourra, en autorisant la vente, prescrire les mesures qu'il jugera utiles.

ART. 2. — L'aliénation des valeurs mentionnées dans l'article précédent sera opérée par le ministère d'un agent de change, toutes les fois que ces valeurs seront susceptibles d'être vendues à la Bourse, à un cours officiellement déterminé.

ART. 3. — Le tuteur devra, dans les six mois qui suivent l'ouverture de la tutelle ou l'acquisition de toutes les valeurs mobilières, convertir en titres nominatifs les titres au porteur appartenant aux mineurs et interdits. Dans le cas où les valeurs ne seraient pas susceptibles d'être converties en titres nominatifs, le tuteur devra, dans les trois mois, obtenir du conseil de famille l'autorisation soit de les aliéner, soit de les conserver. Dans ce dernier cas, le conseil pourra prescrire le dépôt des titres au porteur, au nom du mineur entre les mains d'une maison ou d'une société spécialement désignée à cet effet.

Art. 4. — La conversion en titres au porteur de tous titres nominatifs de rente sur l'Etat, actions, parts d'intérêt, et obligations de toute nature est assimilée à l'aliénation, et soumise aux mêmes conditions et formalités.

Art. 5.— Les dispositions de loi antérieures sont abrogées. »

Ce projet de loi fut discuté le 30 novembre 1877 à la Chambre des députés où MM. Bernier, Rameau et Arrazat prirent successivement la parole. Il fut augmenté de plusieurs articles et renvoyé au Sénat qui nomma une commission composée de MM. Xavier Blanc, président, Herold, secrétaire, Denormandie, rapporteur, Paulmier, Paris, Adnet, Michel, Lamothe et Vivenot. A la séance du 17 décembre 1879, M. Denormandie présenta au nom de la commission le rapport qui précédait le projet de loi suivant (1):

« Art. 1. — Le tuteur ne pourra aliéner sans être autorisé préalablement par le conseil de famille les rentes, actions, parts d'intérêts, obligations et autres

_____

(1) *Journal officiel* du 29 janvier 1880.

meubles incorporels quelconques, appartenant au mineur ou à l'interdit.

Le conseil de famille, en autorisant l'aliénation, prescrira les mesures qu'il jugera utiles.

» Art. 2.— Lorsque la valeur des meubles incorporels aliénés dépassera, d'après l'appréciation du conseil de famille, 1,500 francs en capital, la délibération sera soumise à l'homologation du tribunal qui statuera, en la chambre du conseil, le ministère public entendu, le tout sans dérogation à l'art 883 du code de procédure civile. Dans tous les cas, le jugement rendu sera en dernier ressort.

» Art. 3. — L'aliénation sera opérée par le ministère d'un agent de change, toutes les fois que les valeurs seront négociables à la Bourse, au cours moyen du jour.

» Art. 4.— Le mineur émancipé au cours de la tutelle, même assisté de son curateur, devra observer pour l'aliénation de ses meubles incorporels les formes ci-dessus prescrites à l'égard du mineur non émancipé. Cette disposition ne s'applique pas au mineur émancipé par le mariage.

» Art. 5.— Le tuteur devra dans les trois mois qui suivront l'ouverture de la tutelle, convertir en titres nominatifs les titres au porteur appartenant au mineur ou à l'interdit et dont le conseil de famille n'aurait pas jugé l'aliénation nécessaire ou utile. Il devra également convertir en titres nominatifs les titres au porteur qui adviendraient au mineur ou à l'interdit, de quelque manière que ce fût, et ce, dans le même délai de trois mois, à partir de l'attribution définitive ou de la possession de ces valeurs. Le conseil de famille pourra fixer pour la conversion un terme plus long.

» Lorsque, soit par leur nature, soit à raison de conventions, les valeurs au porteur ne seront pas susceptibles d'être converties en titres nominatifs, le tuteur devra, dans les trois mois, obtenir du conseil de famille l'autorisation soit de les aliéner avec emploi, soit de les conserver; **dans ce** dernier cas, comme dans celui prévu par le paragraphe précédent, le conseil pourra prescrire le dépôt des titres au porteur, au nom du mineur ou de l'interdit, soit à la caisse des dépôts et consignations, soit entre les mains d'une personne ou d'une société spécialement désignée. Les délais ci-dessus ne seront applicables que sous la réserve des droits des tiers et des conventions préexistantes.

» ART. 6. — Le tuteur devra faire emploi des capitaux appartenant au mineur ou à l'interdit, ou qui leur adviendraient par succession ou autrement, et ce, dans le délai de trois mois, à moins que le conseil ne fixe un délai plus long, auquel cas il pourra en ordonner le dépôt, comme il est dit en l'article précédent. Les règles prescrites par les articles ci-dessus et par l'art. 455 du Code civil seront applicables à cet emploi. Les tiers ne seront, en aucun cas, garants de l'emploi.

» Art. 7. — Le subrogé-tuteur devra surveiller l'accomplissement des formalités prescrites. Il devra, si le tuteur ne s'y conforme pas, provoquer la réunion du conseil de famille devant lequel le tuteur sera appelé à rendre compte de ses actes.

» Art. 8. — Les dispositions de la présente loi sont applicables aux valeurs mobilières appartenant aux mineurs aliénés placés sous la tutelle, soit de l'administration de l'assistance publique, soit des administrations hospitalières. Le conseil de surveillance de l'administration de l'assistance publique et les commissions administratives rempliront à cet effet les fonctions attribuées au conseil de famille. Les dispositions de la présente loi sont également applicables aux administrateurs provisoires des biens des aliénés, nommés en exécution de la loi du 30 juin 1838.

» Art. 9. — Les tuteurs entrés en fonctions et les mineurs émancipés antérieurement à la présente loi seront tenus de s'y conformer. Les délais courront, pour eux, à partir de la promulgation.

» Art. 10. — La conversion de tous titres nominatifs en titres au porteur est soumise aux mêmes conditions et formalités que l'aliénation de ces titres.

» Art. 11. — Les dispositions de la présente loi sont applicables à l'Algérie, etc.

» Art. 12. — La loi du 24 mars 1806 et le décret du 25 septembre 1813 sont abrogés. Sont également abrogées toutes les dispositions de loi qui seraient contraires à la présente loi. »

Enfin, le 28 février 1880 fut promulguée (1) une loi conforme au projet de loi que nous venons de rapporter.

Ainsi que nous venons de le voir, l'art. 4 de cette loi assimile le mineur émancipé au mineur non émancipé, en ce qui concerne les formes à suivre pour l'aliénation des meubles incorporels. En d'autres termes, et pour répondre à la question que nous avons posée plus haut, c'est-à-dire si le mineur peut, avec la *seule* assistance de son curateur, vendre ses meubles incorporels, nous dirons que l'assistance du curateur n'est pas suffisante; il faut l'autorisation préalable du conseil de famille. De plus, la délibération du conseil de famille devra être soumise à l'homologation du tribunal, toutes les fois que la valeur des meubles incorporels à aliéner dépassera, d'après l'appréciation du conseil de famille, la somme de 1,500 francs en capital.

Nous ferons remarquer aussi que les dispositions de cette loi ne sont pas applicables au mineur éman-

(1) Voir le *Journal officiel* du 29 février 1880.

cipé commerçant et que sa capacité reste toujours soumise aux règles que nous étudierons bientôt.

Enfin, l'art. 9 déclare que les mineurs émancipés antérieurement à cette loi seront tenus de s'y conformer.

IX. — Il est une catégorie d'actions que le mineur ne peut intenter qu'avec l'assistance de son curateur; nous voulons parler de celles qui intéressent son état, telles que les demandes en nullité de mariage, en séparation de corps, en réclamation de filiation légitime ou naturelle et en désaveu d'enfant. Comment le mineur peut-il les exercer?

C'est un point qui divise la doctrine et la jurisprudence, car la loi ne s'est expliquée nulle part à ce sujet; d'autre part, un arrêt a décidé que le mineur émancipé n'avait pas même besoin de l'assistance de son curateur pour intenter une demande en séparation de corps, tandis qu'un autre arrêt a décidé que l'autorisation même du conseil de famille lui était nécessaire pour qu'il pût intenter une demande en nullité de mariage.

Parmi les différentes opinions qui se sont produites sur cette controverse, nous préférons celle qui n'exige pour l'exercice de ces actions que la simple assistance du curateur, parce que, si le législateur a cru cette assistance nécessaire, mais suffisante, pour l'exercice des actions immobilières, il a dû penser que cette assistance était encore plus nécessaire pour l'exercice des actions d'état qui sont les plus importantes ; mais cette assistance suffit, car l'art. 482 ne prescrit point d'autre formalité.

On pourrait soutenir que l'assistance du curateur n'est point nécessaire au mineur qui veut intenter une action en séparation de corps, parce que, le mariage n'étant pas rompu, ce n'est pas, à proprement parler, une question d'état. Cependant, M. Demolombe enseigne (1) que cette assistance est nécessaire parce que, quoique le mariage ne soit pas dissous, la séparation de corps modifie assez la condition des époux pour qu'on puisse la considérer comme une question d'état.

X. — L'assistance du curateur est-elle nécessaire dans le cas d'une demande d'interdiction formée contre le mineur émancipé ? Cette question suppose résolue celle de savoir si le mineur émancipé peut être interdit. Nous croyons que rien ne s'oppose à cette interdiction. En effet, il y a des cas où elle peut être fort utile, notamment quand la révocation de l'émancipation est impossible, ce qui aura lieu dans le cas d'émancipation tacite, c'est-à-dire conférée par le mariage, ou bien encore quand, se trouvant dans un état habituel d'imbécillité, de démence ou de fureur, le mineur n'a pas contracté d'engagement excessif, échappant aux dispositions de l'art. 485. Nous disons que, dans l'hypothèse d'une pareille demande, l'assistance du curateur sera nécessaire. Lorsqu'en effet nous voyons cette assistance requise dans des cas relativement peu

(1) Demolombe, tome VIII, n° 3112.

importants, nous ne pouvons penser que le législateur ait voulu abandonner complètement l'émancipé à lui-même, quand il s'agit pour lui de défendre à une demande en interdiction qui met en jeu son état et sa capacité.

§ 3. — *Actes pour lesquels il faut, outre l'assistance du curateur, l'autorisation du conseil de famille.*

Le principe, à cet égard, est contenu dans l'art. 484, qui refuse au mineur émancipé le droit de faire aucun acte autre que ceux de pure administration, sans observer les formes prescrites au mineur non émancipé.

Les actes dont il s'agit sont les trois suivants :

I. — *Aliénation des meubles incorporels n'excédant pas 1,500 francs* (Art. 1, 2 et 4 de la loi du 28 février 1880).

II. — *Acquiescement à une demande immobilière.* — Cela résulte de la combinaison des art. 464 et 484. L'acquiescement est la reconnaissance pure et simple, par le défendeur, de la justice des prétentions du demandeur. La loi se montre moins sévère pour cet acte que pour la transaction, parce qu'elle a compris l'intérêt qu'il y avait à faciliter l'accomplissement d'un acte qui a pour but d'éviter les procès.

III. — *Acceptation ou répudiation d'une succession.* — Cela résulte de la combinaison des art. 461 et 484. Disons cependant que l'acceptation n'a jamais lieu que sous bénéfice d'inventaire.

Tels sont les trois actes soumis à la double formalité de l'assistance du curateur et de l'autorisation du conseil de famille.

§ 4. — *Actes pour lesquels il faut, outre l'assistance du curateur et l'autorisation du conseil de famille, l'homologation du tribunal.*

Le principe relatif à cette catégorie d'actes est encore contenu dans l'art. 484. Comme ces actes, à raison de leur importance et de leur gravité, peuvent compromettre davantage la fortune du mineur, la loi exige, outre l'assistance du curateur et l'autorisation du conseil de famille, l'homologation du tribunal. Elle veut que le tribunal soit appelé à juger de l'opportunité de l'acte et qu'il donne son avis après avoir entendu les conclusions du ministère public. Nous devons voir quels sont ces actes.

I. — L'art. 483 porte que le mineur émancipé ne pourra faire d'emprunt sous aucun prétexte, sans avoir rempli les formalités que nous venons d'indiquer. Un article du projet permettait au mineur d'emprunter seul jusqu'à concurrence d'une année de ses revenus (1), mais il fut supprimé dans la rédaction définitive. Le mineur émancipé ne peut donc jamais emprunter seul, pas même pour subvenir à des dépenses de pure administration. On devrait donc annuler toutes les conventions par lesquelles il aurait cherché à déguiser un emprunt, ainsi que le cautionnement par lequel il se porterait garant de la dette d'un tiers.

II. — Les mêmes garanties sont exigées pour les aliénations à titre onéreux, et cette règle est générale; il faut l'appliquer même à la vente d'immeubles achetés avec les épargnes de l'émancipé ou les économies faites sur ses revenus. Certains auteurs enseignent cependant que le mineur émancipé pourrait aliéner seul et sans autre formalité ni condition l'immeuble qu'il aurait acheté antérieurement avec le produit de ses économies.

Nous avons examiné plus haut la question de savoir s'il pouvait, sans l'assistance de son curateur, recevoir un capital provenant de ses économies, et nous avons dit qu'il ne le pouvait pas. L'art. 484 est aussi absolu que l'art. 482 et comme il importe avant tout de conserver intacte, au mineur, sa fortune immobilière, nous pensons qu'il n'a pas le droit d'aliéner, seul, l'immeuble qu'il a acheté avec ses économies.

(1) Fenet, tome X, page 565.

III. — Le mineur émancipé ne pourrait pas, non plus, ainsi que nous l'avons vu plus haut, consentir seul une hypothèque sur ses immeubles. Dans tous les cas où le conseil de famille est appelé à délibérer sur une question d'emprunt à faire, d'aliénation ou d'hypothèque à consentir, il ne doit autoriser l'émancipé que pour cause d'un « d'une nécessité absolue ou d'un avantage évident. » Ainsi s'exprime l'art. 457. On a prétendu que cette condition n'existait pas pour le mineur émancipé, parce que les art. 483 et 484 ne la renfermaient pas (1). Mais, pour combler cette lacune, il suffit de rappeler que la loi trace dans le chapitre de l'émancipation des règles spéciales et qu'elle se réfère, pour le reste, aux principes admis en matière de tutelle. « Le mineur émancipé, dit M. Demolombe, n'est-il pas toujours mineur? et ne faut-il pas, avec le même soin et la même prudence, le garantir de toute entreprise aventureuse, ou même par trop incertaine? (2) »

§ 5. — *Actes absolument interdits au mineur émancipé.*

Enfin, il y a certains actes qui, à raison de leur gravité et des conséquences qu'ils entraînent, sont complètement interdits au mineur émancipé. Dans

---

(1) Toullier, tome II, n° 1,298.
(2) Demolombe, tome VIII, n° 322, *in fine.*

ce nombre, nous plaçons en premier lieu les donations entre vifs (Art. 913). Mais nous entendons par là celles qui sont de nature à compromettre ou tout au moins à diminuer son patrimoine. Ainsi donc, nous ne comprendrons pas sous cette dénomination les cadeaux et les rémunérations qui sont d'usage dans une foule de circonstances. Les défendre, ce serait blesser la plupart du temps des sentiments louables et dignes de respect ; et d'ailleurs, de tels actes ne sont points faits pour compromettre gravement la fortune du mineur.

Le mineur peut, de plus, par son contrat de mariage, donner tout ou partie de sa fortune à son futur conjoint, pourvu qu'il ait l'autorisation de ceux qui doivent consentir à son mariage (1309, 1398.)

Le mineur émancipé qui n'a pas seize ans accomplis ne peut pas faire de testament. Au delà de cet âge, il ne peut disposer, par ce moyen, que de la moitié des biens qu'il pourrait léguer, s'il était majeur (Art. 903 et 904).

Quoique le mineur émancipé puisse être choisi comme mandataire (Art. 1990), l'art. 1030 ne lui permet pas d'être choisi comme exécuteur testamentaire, par suite de la responsabilité qui peut résulter de ces fonctions.

SECTION II

DU MINEUR ÉMANCIPÉ COMMERÇANT

L'ordonnance de 1673, fixant à vingt ans accomplis l'âge auquel on pourrait être reçu marchand, déclarait, dans l'art. 6 du titre premier, que tous négociants et marchands en gros et en détail seraient réputés majeurs pour le fait de leur commerce et banque, sans qu'ils puissent être restitués sous prétexte de minorité.

Le Code civil avait admis le principe de l'ordonnance de 1673, tout en le restreignant aux mineurs émancipés (Art. 487). Le projet du Code de commerce consacrait la même règle. Elle fut critiquée par les tribunaux appelés à émettre leur avis sur la question. On proposait même d'interdire, d'une manière absolue, tout commerce au mineur, vu que la majorité se trouvait désormais acquise par l'accomplissement de la vingt-unième année. « Aujourd'hui que la majorité est fixée à vingt-un ans, disait Jaubert, pourquoi ne pas l'attendre? pourquoi livrer un jeune homme à lui-même dès l'âge de dix-huit ans, pour les affaires les plus hasardeuses et les plus difficiles? (1) » Cependant, le conseil d'Etat reconnut que, dans bien des circonstances, un mineur pouvait avoir un grand intérêt à devenir commerçant, et notamment lorsqu'il devait s'associer à son père, continuer après la mort de celui-ci un commerce avantageux ou se charger des affaires de la femme marchande dont il deviendrait l'époux et, par conséquent, il fallait lui accorder cette autorisation d'une manière générale. Cependant on exigea que le mineur fût préalablement émancipé et qu'il remplît, en outre, plusieurs conditions spéciales. On organisa, à cet égard, des garanties sérieuses, en confiant aux parents le soin d'apprécier l'aptitude du mineur, et en fixant une majorité particulière pour le commerce.

L'art. 2 du Code de commerce s'exprime ainsi : « Tout mineur émancipé de l'un et de l'autre sexe, âgé de dix-huit ans accomplis, qui voudra profiter de la faculté que lui accorde l'art. 487 du Code civil de faire le commerce, ne pourra en commencer les opérations ni être réputé majeur quant aux engagements contractés pour fait de commerce : 1° s'il n'a été autorisé préalablement par son père ou par sa mère, ou par une délibération du conseil de famille, homologuée par le tribunal civil; 2° si, en outre, l'acte d'autorisation n'a été enregistré et affiché au tribunal de commerce du lieu où le mineur veut établir son domicile. »

(1) Locré, tome XVII, page 121.

Des termes même de cet article il résulte que, pour être commerçant, un mineur doit réunir les quatre conditions suivantes :

1° Il doit être émancipé expressément ou tacitement, peu importe;

2° Il doit avoir accompli sa dix-huitième année, lors même qu'il aurait été émancipé avant cet âge, et cela sans distinction de sexe;

3° Il doit être préalablement autorisé à cet effet par son père, ou, en cas d'interdiction, d'absence ou de décès du père, par sa mère. A défaut du père et de la mère, l'autorisation sera donnée par le conseil de famille dont la délibération sera soumise à l'homologation du tribunal civil. Il faut toujours un acte exprès d'autorisation; un simple consentement ne suffirait pas pour habiliter l'émancipé à une profession commerciale. La loi ne parle pas de la manière dont l'habilitation doit être donnée; mais on admet généralement (1) que si elle émane des père et mère, elle peut être donnée par devant notaire, ou devant le juge de paix assisté de son greffier. Elle pourrait même être donnée par acte sous seing privé, car la loi n'exige spécialement aucune forme, pourvu que la signature soit légalisée.

L'autorisation doit être spéciale, c'est-à-dire désigner la branche de commerce que l'émancipé doit embrasser. Cela résulte de l'art. 3 du Code de

_____

(1) Bravard-Veyrières, tome 1, page 72.

commerce qui exige que le mineur soit autorisé même quand il ne veut faire que des actes isolés, et aussi de l'art. 487 Code civil, aux termes duquel le mineur émancipé qui fait un commerce est réputé majeur, « pour les faits relatifs à ce commerce » et non pas pour tous les actes commerciaux en général.

4° L'acte d'autorisation doit être enregistré au greffe, et affiché dans l'auditoire du tribunal de commerce du lieu où le mineur veut s'établir, et, s'il n'y a point de tribunal de commerce, ces mêmes formalités doivent être accomplies au tribunal civil. Cette publicité donnée à l'acte d'autorisation est nécessaire à raison de cette considération que la profession de commerçant suppose un appel à la confiance publique. Il faut aussi que les tiers puissent s'assurer promptement et sans frais de la capacité du mineur, et que celui-ci, de son côté, puisse justifier facilement et sans frais de sa propre capacité.

Ces quatre conditions sont exigées à peine de nullité et l'émancipé qui ne les aurait pas préalablement remplies ferait en vain des actes de commerce ; il ne serait pas commerçant ; il n'aurait que la capacité civile de l'émancipé ordinaire, et aucune des dispositions du Code de commerce ne lui serait applicable.

Mais s'il a rempli ces conditions, il acquiert une capacité et des droits nouveaux. L'art 487 le réputant majeur pour les actes relatifs à son commerce, il peut faire seul toutes les opérations qu'y s'y rapportent. Il peut même engager ou hypothéquer ses immeubles pour sûreté de ses obligations commerciales. Toute-

fois, dit l'art. 6, il ne peut les aliéner sans se soumettre aux formalités prescrites par les art. 457 et suivants du Code civil. Mais cette restriction ne prive
pas ses créanciers commerciaux du droit de faire saisir et vendre ses immeubles, « puisqu'à leur égard,
dit M. Pardessus (1), il est réputé majeur pour les
actes commerciaux qu'il contracte dans ces circonstances. » De cette majorité fictive acquise au mineur
commerçant, il résulte qu'à la différence du mineur
ordinaire, il pouvait, avant la loi de 1867, être soumis
à la contrainte par corps (Art. 2064.) (Art. 2-2° de la
loi du 17 avril 1832). Enfin l'art. 1308 déclare que le
mineur commerçant n'est point restituable contre les
engagements qu'il a pris à raison de son commerce
ou de son art.

Cette capacité extraordinaire du mineur émancipé
ne concerne que ses actes commerciaux ; pour tous
les actes purement civils, il reste soumis aux principes généraux et aux règles qui ont fait le sujet de la
précédente section. Les tiers qui contractent avec lui
ont donc grand intérêt à savoir si l'acte qu'il fait est
relatif ou non à son commerce.

A propos de cette question, demandons-nous ce
qu'il faut décider au cas où les actes passés par le
mineur n'indiquent point par leur nature même dans
quel but ils ont été faits ; et si, plus tard, il demande
la nullité de cet acte, sera-ce à lui à prouver qu'il l'a
fait dans un but étranger à son commerce, ou à son

(1) Pardessus, Droit commercial, tome I, n° 60.

adversaire à prouver que cet acte s'y rapporte? Sur cette question, trois systèmes principaux se sont produits. Le premier consiste à dire qu'en principe l'obligation n'est pas valable, l'incapacité du mineur étant de droit commun. Le second système prétend, au contraire, que l'obligation est toujours valable, l'art. 638 du Code de commerce étant formel à cet égard. Enfin, le troisième système distingue entre les simples billets souscrits par le mineur émancipé commerçant pour lesquels le deuxième système est applicable, et les aliénations et emprunts consentis par lui devant notaire, auxquels il faudra appliquer le premier système.

Voici l'opinion qui nous paraît préférable. Il faut décider que tous les actes faits par le mineur émancipé commerçant sont, jusqu'à preuve contraire, réputés étrangers à son commerce, toutes les fois que leur propre nature ne révèle pas nécessairement un caractère commercial. La capacité du mineur émancipé doit, nous le savons, s'interpréter d'une façon restrictive. Pour lui, l'incapacité constitue le droit commun, et la capacité l'exception. Or, le mineur émancipé commerçant qui demande la nullité d'un acte en se fondant sur son incapacité est dans le droit commun, tandis que son adversaire est dans l'exception en soutenant qu'il a pu faire cet acte; il doit donc en faire la preuve.

Le mineur réputé majeur pour les actes relatifs à son commerce peut introduire seul toutes les actions ou y défendre. Il pourrait donc être déclaré en

faillite et être poursuivi pour banqueroute frauduleuse ou pour banqueroute simple.

Le mineur autorisé à faire le commerce peut-il
valablement contracter une société commerciale avec
des tiers? La question est controversée. Dans une
première opinion, on admet que le mineur peut, sans
une nouvelle autorisation, faire un contrat de société,
car, dit-on, les termes généraux dans lesquels l'art. 2
du Code de commerce est conçu ne permettent pas
qu'on lui refuse la capacité nécessaire pour passer
un de ces contrats régis par le droit commercial.
C'est l'opinion enseignée par notre savant maître
M. Molinier (1). Dans une seconde opinion, on exige
que le mineur soit autorisé spécialement. Cette solution est, dit-on, conforme à l'esprit de la loi. Nous ne
le pensons pas et nous admettons le premier système
qui nous parait répondre d'une manière plus rationnelle à l'intérêt du mineur émancipé lui-même et à
l'intention de ceux qui l'ont autorisé à faire le commerce. Les procès-verbaux du Conseil d'Etat prou-
vent que les dispositions de l'art. 2 ont été principa-
lement introduites en vue des sociétés que le mineur
pourrait avoir intérêt à contracter avec d'autres
marchands (2).

Nous devons enfin décider que le mineur émancipé
commerçant ne pourrait pas cautionner sans une autorisation spéciale la dette commerciale d'un autre

(1) Molinier, *Droit commercial*, page 132, n° 155.
(2) Locré, *Législation civile*, tome XVII, page 126.

commerçant, lorsque cette dette ne lui est pas en
même temps personnelle. En effet, ce cautionnement
n'est pas relatif à son négoce ; donc, il excède sa capacité quand même il aurait un certain intérêt à la
prospérité des affaires de celui qu'il cautionnerait.

Si le mineur commerçant, abusant de sa capacité
juridique, venait à contracter des engagements de
nature à le conduire à une ruine prochaine, la loi permet de lui retirer le bénéfice de l'émancipation ; et
s'il vient à en être privé, il ne pourra plus faire le
commerce.

SECTION III.

EFFET DES ACTES DU MINEUR ÉMANCIPÉ

Nous venons d'étudier les règles relatives à la capacité du mineur émancipé. Il nous reste maintenant
à rechercher quel est l'effet des actes accomplis par
lui, suivant qu'il s'est ou non soumis aux formalités
requises par la loi. L'art. 1125 déclare que les actes
faits par les incapables en général et les mineurs en
particulier sont entachés d'une nullité purement relative dont ne peuvent se prévaloir les personnes qui
ont contracté avec eux, et l'art. 1305 nous dit que la
simple lésion donne lieu à la rescision en faveur du

mineur non émancipé contre toutes sortes de conventions, et, en faveur du mineur émancipé, contre toutes conventions qui excèdent les bornes de sa capacité. Enfin l'art. 1311 déclare que les actes faits par le mineur peuvent être nuls en la forme ou simplement sujets à restitution. Quel est, sur ce point, le système du Code civil? et quel est le principe qui a présidé à ses dispositions? Cette question, qui se rattache à la théorie des actes nuls ou annulables, est une de celles dont l'interprétation a le plus divisé les auteurs. Elle a donné lieu à plusieurs systèmes que nous devons successivement exposer. Nous nous proposons de développer en dernier lieu celui qui nous paraît le meilleur. Ces différents systèmes se placent tous au point de vue du mineur non émancipé, indiquant à peine en quoi l'émancipation pourrait modifier les principes qu'ils posent.

PREMIER SYSTÈME. — Il se rattache à la théorie romaine qui fut aussi celle de notre ancien droit, et qui peut se résumer ainsi : Le pupille contractant *sine auctoritate tutoris* n'était nullement lié : il n'avait pas besoin du secours de la *restitutio in integrum;* mais si le tuteur était intervenu, l'acte était régulier en la forme, et c'est alors que la *restitutio in integrum* apparaissait au pupille comme le seul recours possible. Ces principes passèrent dans notre ancien droit et furent admis avec toutes leurs conséquences. Le Code civil a voulu les maintenir, car il n'a rien innové en cette matière. Que dit, en effet, l'art. 1305? Que la simple lésion donne lieu à la rescision en faveur du mineur non émancipé contre toutes sortes de conventions. Ces termes n'indiquent-ils pas qu'il s'agit de tous les actes et non pas seulement de ceux passés par le mineur en personne? et l'art. 1314, qui reconnaît aux aliénations d'immeubles et aux actes de partage régulièrement faits par le tuteur la même force que s'ils émanaient d'un majeur, aurait-il sa raison d'être s'il était de principe que le mineur représenté par son tuteur doit être assimilé au majeur? Donc, aujourd'hui comme sous l'empire de l'ancienne jurisprudence, tout acte passé par le mineur qui n'a pas rempli les formalités exigées par la loi est nul, et, pour en obtenir la nullité, il n'est pas nécessaire de prouver la lésion. De plus, la simple lésion est suffisante pour que le mineur puisse se faire restituer contre les conventions dans lesquelles il a été légalement représenté ou autorisé (Art. 1305). C'est la différence qui existe entre lui et le majeur. « Il était nécessaire de la maintenir, dit M. Troplong (1), parce que ses intérêts peuvent, malgré toutes les précautions de la loi, avoir été mal défendus par les étrangers qui sont appelés à veiller pour lui. » Aussi l'art. 2252 déclare que la prescription ne court point contre les mineurs, non pas parce qu'ils ne peuvent agir, puisque le tuteur est là, mais parce que cela ne servirait à rien, puisqu'ils sont toujours restituables. L'art. 1124 déclare que les mineurs sont incapables

(1) Troplong, *De la vente*, tome I, n° 166.

de contracter d'une manière générale. Cet article enlève évidemment tout caractère de validité à une convention dans laquelle un mineur agit seul et sans
autorisation; et, dès qu'il y a incapacité, la preuve
de la lésion est complètement inutile.

Résumant ce premier système, nous dirons : 1° que
les actes passés par le mineur sont, indépendamment
de toute lésion, annulables pour cause d'incapacité ou
pour vice de forme; 2° que les actes passés par le
tuteur sont annulables pour vice de forme ou rescindables pour cause de lésion.

Revenant maintenant à la capacité du mineur émancipé, nous dirons qu'il pourra faire seul tous les actes
de pure administration sans être restituable, dit
l'art. 481, contre ces actes dans tous les cas où le
majeur ne le serait pas lui-même. L'art. 1305 ne lui
accorde la restitution pour lésion que contre toutes
conventions qui excèdent les bornes de sa capacité.
En dehors de ce cas, l'art. 484 l'oblige à observer
les formes prescrites au mineur non émancipé. Et
quand ces formalités auront été observées, on devra
assimiler ces actes à ceux faits par le mineur non
émancipé, c'est-à-dire qu'il n'y aura lieu à la restitution qu'au cas de lésion (1). Tel est le premier système.

DEUXIÈME SYSTÈME. — Celui-ci peut se résumer
dans les trois propositions suivantes ainsi formulées

_____

(1) En ce sens : M. Troplong, *Vente*, tome I, n° 188, et Toullier,
tome VI, n° 106 et suiv.

par M. Demante (1). Nous les reproduisons littéralement : 1° les actes contre lesquels un mineur peut revenir sont de deux sortes : les uns sont nuls en la forme, c'est-à-dire annulables par le seul motif d'incapacité et d'absence de formes protectrices; les autres sont seulement sujets à restitution, d'où la conséquence qu'à ces derniers seuls s'applique la nécessité d'argumenter de la lésion; 2° on doit considérer comme nuls en la forme tous actes qui ne sont point passés dans les formes prescrites par la loi, par conséquent, tous ceux dans lesquels, au lieu d'être représenté par son tuteur ou assisté de son curateur, s'il y avait lieu, le mineur aurait figuré seul ; 3° les actes passés dans la forme légale sont valables, mais sujets à restitution pour cause de lésion, à moins qu'une disposition spéciale de la loi n'ait fermé cette voie : la première de ces propositions est admise par tout le monde; elle s'appuie, en effet, sur l'art. 1311 qui distingue ces deux classes de nullités. Quant à la seconde, elle est, au dire de M. Demante lui-même, moins incontestable; elle lui paraît seulement se mieux concilier avec les termes de l'art. 1305, et elle est plus pratique. Mais l'art. 1305 ne s'applique pas aux actes faits par le mineur en tutelle seul : il s'applique à ceux de son tuteur, car il n'y a que le tuteur émancipé qui puisse agir seul. Pour le mineur émancipé, M. Demante entend par nuls en la forme les actes qu'il a faits sans l'assistance

(1) Demante et Colmet de Santerre, tome 5, n.° 68 et suiv.

de son curateur et qui excèdent les bornes de sa capacité, telle qu'elle résulte de l'art. 481. Alors l'art. 1305 régirait les actes accomplis avec l'assistance du curateur et pour lesquels la loi n'aurait pas dit que le mineur serait réputé majeur, ce qui est tout à fait arbitraire.

La troisième proposition s'appuie sur les principes admis en droit romain et sur l'art 1305 qui parle de toutes sortes de conventions. C'est, on le voit, la reproduction des arguments du premier système. Quant au mineur émancipé, soumettre à la rescision pour cause de lésion les actes qu'il a faits avec l'assistance de son curateur, c'est aller contre le texte même de l'art. 1305 qui ne parle que des actes excédant les bornes de sa capacité.

TROISIÈME SYSTÈME. — Ce système est le plus défavorable au mineur; il n'admet qu'une seule voie de recours, l'action en rescision pour cause de lésion, et contre les actes qui ne font qu'excéder la capacité du mineur et contre ceux qui ont été faits en l'absence des formes prescrites par la loi. Il lui refuse toute restitution pour cause de lésion, quand les formalités prescrites ont été observées, ou quand il n'y en avait pas qui fussent exigées. Ce système est tout à fait inacceptable, car on ne peut pas admettre que la vente d'un immeuble soit traitée absolument de la même manière que le bail consenti pour une période supérieure à neuf années; sans cela, il eût été parfaitement inutile d'exiger que certains actes ne pourraient être faits qu'avec l'autorisation du conseil de famille et l'homologation du tribunal puisque l'omission de ces formalités serait tout à fait sans conséquences.

QUATRIÈME SYSTÈME. — Ce dernier est le seul qui soit véritablement conforme aux intérêts du mineur. C'est celui que nous adoptons et nous devons lui consacrer quelques développements.

Il repose sur la distinction que fait l'art. 1311 entre les actes valables et les actes nuls en la forme. Qu'entend-on par acte valable, par acte nul en la forme? c'est ce que nous allons dire.

I. ACTES VALABLES EN LA FORME. — Est valable en la forme l'acte qui est passé sans aucune formalité lorsque la loi n'en exige aucune, ou bien l'acte soumis à des formalités spéciales quand il a été fait par le tuteur ou par l'émancipé avec l'accomplissement de ces formalités. Ces actes, quand ils sont passés par le mineur lui-même et par lui seul, pourvu qu'ils ne soient soumis à aucune formalité, sont valables et rescindables seulement pour cause de lésion. Le premier système les déclare rescindables pour cause d'incapacité et indépendamment de toute lésion, s'appuyant pour cela, ainsi que nous l'avons vu, sur les articles 1124, 1108 et 1125. Vainement a-t-on essayé d'écarter l'article 1305 en soutenant qu'il ne s'applique pas aux actes passés par le mineur lui-même. Nous croyons, au contraire, que tous les articles qui précèdent ou qui suivent celui-là suppo-

sent le mineur agissant seul. L'article 1304 parle
même des actes faits par les mineurs ; seul dans toute
la section, l'article 1314 se réfère à un acte passé
par le tuteur et dit qu'il est aussi valable que s'il
avait été passé par un majeur. D'où les partisans du
premier système ont voulu tirer un argument *a con-
trario*. Mais nous ferons observer que cet article ne
se trouvait point dans le projet de loi primitif : il serait
d'ailleurs lui-même susceptible d'application quant
aux aliénations d'immeubles et aux partages faits par
les émancipés. Le mineur peut contracter, mais ne
peut pas être lésé : *Minor restituitur non tanquam
minor sed tanquam læsus* ; et Bigot-Préameneu disait
lui-même dans l'exposé des motifs au Conseil d'Etat :
« Le résultat de son incapacité est de ne pouvoir pas
être lésé, et non de ne pouvoir contracter. » Donc,
l'article 1305 comprenant dans la même hypothèse le
mineur en tutelle et le mineur émancipé, il faut décider que, le mineur émancipé agissant seul et par
lui-même, l'article 1305 suppose le cas où le mineur
en tutelle a également agi seul et par lui-même.

II. ACTES NULS EN LA FORME. — Sont nuls en la
forme les actes qui, soumis à des formalités spéciales
que la loi a édictées en faveur des mineurs, ont été
faits sans l'accomplissement de ces formalités. Nous
ne voulons point faire entrer dans cette catégorie les
actes solennels nuls pour inobservation des formes
nécessaires à leur existence ; car du moment qu'ils
sont inexistants, toute ratification devient impossible,

ce qui est précisément contraire à l'hypothèse prévue par l'article 1318.

Si ces actes émanent du tuteur, ils sont nuls pour défaut de forme et aussi pour défaut de pouvoir. Le mineur peut, indépendamment de toute lésion, en demander la nullité. Nous admettrions cependant que de tels actes ne sont qu'annulables, et que cette nullité, aux termes de l'article 1304, se prescrira par dix ans. Si ces actes émanent du mineur lui-même, ils sont également nuls pour défaut de forme et pour incapacité (Art. 1311).

Tel est le système enseigné par M. Demolombe (1) et Marcadé (2). Ainsi que nous l'avons dit plus haut, c'est celui qui nous paraît le plus conforme à la garantie que devait la loi aux intérêts du mineur, et à l'esprit de la loi elle-même. Mais il nous reste maintenant à l'appliquer aux actes du mineur émancipé. Ces actes peuvent être compris dans quatre catégories distinctes qu'il n'est pas inutile d'examiner, puisqu'elles les renferment tous.

I. — La première catégorie comprend les actes à l'égard desquels le mineur émancipé est considéré comme pleinement capable et qui ne peuvent être attaqués que dans le cas où un majeur pourrait les attaquer lui-même. Nous voulons parler tout d'abord des actes de pure administration faits par l'émancipé.

(1) Demolombe, tome VII, § 820 et suiv.
(2) Marcadé, tome IV, sur l'article 1305.

Ces actes sont irréprochables au point de vue de la forme et de la capacité des parties contractantes, et l'article 481 déclare que l'émancipé n'est point restituable contre ces actes dans tous les cas où un majeur ne le serait pas lui-même. Nous devons aussi déclarer parfaitement valables tous les actes consentis par le mineur émancipé avec l'accomplissement des conditions et des formalités légales. Il serait, en effet, contraire à l'équité que les tiers qui ont traité avec le mineur en toute sécurité fussent trompés dans leur attente ; ce serait, en outre, ruiner le crédit de celui-ci que de laisser planer constamment l'incertitude sur la validité des actes qu'ils ont passés avec lui. Enfin, nous déclarerons valables tous les actes passés par le mineur émancipé commerçant, dans les limites de sa capacité commerciale (Art. 487 et 1308). A ces actes ne s'applique pas plus l'action en nullité pour cause d'incapacité ou pour vice de forme que l'action en rescision pour cause de lésion, parce qu'ils sont aussi valables que s'ils avaient été faits par un majeur.

II. — On doit placer dans la seconde catégorie les actes annulables pour cause d'incapacité ou vice de forme, indépendamment de toute lésion. Ce sont tous ceux que la loi a soumis à l'accomplissement de certaines formalités. Pour faire annuler ces actes, le mineur n'a qu'à prouver qu'il les a accomplis en dehors des formalités imposées par la loi.

III. — Une troisième catégorie comprend les actes

qui sont annulables ou rescindables seulement pour cause de lésion. Ce sont ceux qui, excédant les bornes de la capacité du mineur, n'ont pas été soumis par la loi à des formalités spéciales. Si le mineur a fait seul des actes qui exigeaient l'assistance de son curateur et pour lesquels cette assistance était suffisante, il a excédé les limites de sa capacité, et il pourra demander la nullité de ces actes en prouvant qu'ils lui ont causé un préjudice.

IV. — Enfin, la dernière catégorie comprend les actes qui, n'étant point soumis à la nullité pour vice de forme ou à la rescision pour cause de lésion, par conséquent valables, sont cependant réductibles pour cause d'excès. La règle est posée à cet égard dans l'article 484, 2°, qui déclare que les obligations contractées par le mineur émancipé par voie d'achats ou autrement sont réductibles en cas d'excès. Les effets de cette action en réduction sont beaucoup moins rigoureux que ceux de l'action en rescision. Elle n'annule rien, elle porte simplement sur des actes par suite desquels le mineur aurait contracté des obligations personnelles. Son but est d'empêcher le mineur de faire indirectement ce que la loi lui défend de faire directement. Cette règle est protectrice des intérêts de l'émancipé; elle a sa raison d'être et trouve sa cause dans un vice du consentement, de dol ou de surprise de la part des tiers qui ont abusé ou profité sciemment de l'inexpérience ou de la prodigalité de l'émancipé (1109 et 1116).

QUATRIÈME PARTIE

RÉVOCATION DE L'ÉMANCIPATION

Le législateur devait prévoir et a prévu, en effet, le cas où l'émancipation, au lieu d'être un avantage pour le mineur, cesserait de produire ce que l'on devait raisonnablement en attendre, par suite du peu d'habileté ou de la mauvaise conduite de l'émancipé. Il n'a pas voulu que cette faveur lui devînt nuisible et tournât à sa perte; mais il a déclaré, au contraire, que le mineur en serait privé dès qu'il s'en montrerait indigne. « Par suite de la révocabilité, disait Berlier au Corps législatif, l'émancipation acquiert un degré d'utilité immense. Ce sera un stage pour la jeunesse, et l'émancipé craindra d'en perdre le bénéfice; averti que son sort dépend de sa conduite, il contractera, dès le commencement de sa carrière civile, les bonnes habitudes qui doivent avoir une si heureuse influence sur le reste de sa vie. » Tel est le but, telle est l'utilité de la révocation de ce bénéfice.

Nous allons examiner maintenant quelles sont les conditions et les formes de cette révocation. Nous parlerons ensuite des effets qu'elle produit.

CHAPITRE PREMIER

Conditions de la Révocation.

Le principe qui domine cette matière est contenu dans l'art. 485, aux termes duquel tout mineur émancipé, dont les engagements auraient été réduits en vertu de l'art. 484, pourra être privé du bénéfice de l'émancipation. Le laconisme et l'insuffisance de cet article ont suscité beaucoup de controverses. A le prendre à la lettre, l'émancipation ne pourrait être révoquée que si les engagements ont été effectivement réduits par un jugement. Néanmoins, nous ne pensons pas qu'on doive l'interpréter ainsi : la demande en révocation doit pouvoir légalement se fonder sur toute décision judiciaire qui aurait constaté la mauvaise gestion de l'émancipé et reconnu ses engagements exagérés et réductibles, sans pour cela en prononcer la réduction, car ce n'est pas tant la réduction des engagements excessifs que la déclaration même d'excès qui doit motiver la révocation. Il se peut que le tribunal n'ait pas prononcé la réduction, en considération de la bonne foi des tiers

qui ont contracté avec l'émancipé. Lorsque les enga.
gements ont été reconnus excessifs et, en principe,
réductibles, la condition à laquelle est subordonnée
la révocation est accomplie, puisque le maintien des
engagements est une circonstance dont le mineur ne
peut pas se prévaloir.

L'émancipé qui a contracté des engagements excessifs peut en demander lui-même la réduction parce qu'il est capable d'agir en justice ; et comme le
retrait de l'émancipation n'est qu'une conséquence
du jugement qui proclame la réductibilité des dépenses, l'émancipé est alors le maître absolu de faire
révoquer ou non son émancipation. Mais qui peut demander la réduction de ces engagements? Certains
auteurs enseignent que le mineur seul a ce droit.
Mais nous ne pouvons accepter cette opinion ; les
conséquences en sont tellement dangereuses et tellement contraires à l'idée que le législateur a eue en
instituant l'émancipation, que nous n'hésitons pas à
déclarer que ce droit appartient aussi à d'autres personnes. Deux considérations principales motivent raisonnablement notre opinion. Tout d'abord, il faut
compter avec l'amour-propre du mineur qui, mû par
des sentiments d'honneur et de délicatesse fort res-
pectables, ne voudra pas, la plupart du temps, former
une pareille demande. Il est peu probable que l'émancipé veuille, dans la plupart des cas, provoquer un
jugement qui divulguera, sans profit pour lui, ses
prodigalités et ses folies; et puis cette demande est
dirigée contre le mineur lui-même; or, est-il possible

d'admettre que l'initiative doive en être laissée en son propre pouvoir, alors surtout qu'il s'agira moins de la réduction des engagements que de la révocation de l'émancipation ? Et peut-on croire que la loi n'ait voulu accorder qu'à l'émancipé seul l'exercice d'une action qui a pour but de lui enlever une *. ... et de le remettre en tutelle, d'une action qui est dirigée contre sa personne et sa capacité ? Il faudrait reconnaître alors que l'application de l'art. 485 sera des plus rares et que son utilité sera illusoire. L'esprit de la loi est tout autre assurément, aussi reconnaîtrons-nous avec MM. Demolombe (1) et Aubry et Rau (2) que la faculté de demander la réduction des engagements excessifs appartient à ceux qui ont le droit absolu de révoquer l'émancipation, c'est-à-dire au père, à la mère, ou au conseil de famille ; car, ainsi que le fait fort bien observer M. Demolombe, la réduction est le préliminaire indispensable de la révocation. Quant au curateur, bien que son assistance soit nécessaire au mineur émancipé pour former sa demande en réduction, il n'a pas qualité pour agir de son propre mouvement, car il n'a pas le droit de faire révoquer l'émancipation.

Si l'on nous objecte que les actions en nullité ou en réduction établies en faveur des incapables n'appartiennent qu'à eux seuls, nous répondrons que l'action en réduction n'a point les mêmes caractères ;

---

(1) Demolombe, tome VIII, n° 348.
(2) Aubry et Rau, tome I, § 135.

elle n'annule pas l'acte, et, ici surtout, ce n'est qu'un moyen indirect pour remettre le mineur en tutelle.

L'émancipation peut-elle être retirée au mineur marié ou veuf ayant ou non des enfants? La question a donné lieu à une controverse dont la solution ne nous paraît pas devoir faire doute. Faut-il distinguer s'il a été émancipé par le fait seul de son mariage, ou s'il ne s'est marié que postérieurement à son émancipation? La négative nous paraît évidente; une pareille distinction est inutile. On déclare, dans un premier système, que l'émancipation peut être retirée au mineur marié ou veuf et l'on s'appuie sur la généralité des termes de l'art. 485 qui déclare que tout mineur émancipé pourra être privé du bénéfice de l'émancipation, et aussi sur cette circonstance qu'on a retranché de l'art. 84 du projet de loi les mots: *autrement que par mariage*, lesquels restreignaient la révocation au cas d'émancipation expresse, c'est-à-dire au cas où le mineur n'avait pas été marié. Dans un second système, on part de cette idée que la loi reconnaît deux sortes d'émancipation, l'une qui est expresse et que les parents confèrent ou retirent à leur gré, l'autre qui est tacite et s'opère de plein droit par le fait seul du mariage, qu'ils ne peuvent ni révoquer ni même empêcher; et ce qui prouve bien que l'art. 485 ne se réfère point à l'émancipation tacite, ce sont ces derniers mots: « laquelle (l'émancipation) lui sera retirée en suivant les mêmes formes que celles qui auront eu lieu pour la lui conférer ». Mais qui ne voit que la chose est impossible en matière d'émancipation tacite? Quelles sont, en effet, les formes qu'elle requiert? Il n'y en a aucune. Cette faveur n'est qu'une conséquence du mariage du mineur à laquelle on ne peut pas le soustraire, dont on ne peut pas le priver, parce qu'elle s'opère de plein droit. Le législateur a pensé, en effet, que l'état de mineur en tutelle était incompatible avec la qualité d'époux. Eh bien, cette considération n'a-t-elle pas la même force après le mariage qu'au moment même de sa célébration? Ce système, qui est enseigné par M. Demolombe, est aussi celui qui nous paraît le meilleur.

Des divergences se sont produites parmi les partisans de l'affirmative, et Marcadé (1) enseigne notamment que le mineur resté veuf sans enfants pourra être privé de l'émancipation; car il n'est plus chef de famille et l'on ne peut plus invoquer en sa faveur l'incompatibilité existant entre la qualité d'époux et de père et l'état de mineur en tutelle. Cette distinction ne nous paraît nullement fondée. En effet, ou bien l'art. 485 s'applique à l'art. 476, ou bien il lui est inapplicable. S'il s'y applique, l'émancipation pourra, dans tous les cas, être retirée au mineur; s'il lui est inapplicable, la circonstance que le mineur émancipé n'a pas d'enfants ne peut pas créer une révocabilité qui n'est point dans la loi. D'ailleurs, cette révocation serait beaucoup plus grave pour le mineur qui a été chef de famille, quoique moins utile quand il est veuf et sans enfants. Dans le premier

(1) Marcadé, tome 2, art. 485, n° 1.

cas, en effet, c'est sa femme, ce sont ses enfants qui doivent bénéficier de la protection, tandis que, dans le second, il ne compromet que son patrimoine.

Et maintenant, en supposant que le mineur n'ait point contracté d'engagement sujet à réduction, la question se présente de savoir si sa mauvaise conduite, résultant des habitudes de débauche et de désordre, est, par elle seule, une cause de révocation de l'émancipation. La loi est muette sur ce point, et de ce silence même, on a conclu avec raison, d'après nous, en faveur de la négative. En effet, l'état et la capacité des personnes sont régis souverainement par la loi et ne peuvent être modifiés que par un texte précis. Or, ce texte n'existe nulle part. Sans doute, il y a sur ce sujet, dans le code, une lacune qui entraîne des conséquences regrettables, mais ce n'est pas à l'interprète qu'il appartient de la combler. Certains auteurs, et notamment M. Demolombe, ont cru trouver dans l'esprit de la loi des moyens suffisants pour amener le retrait de l'émancipation, et arracher ainsi l'émancipé au déshonneur et à la ruine morale. « Comment, dit l'éminent professeur, la loi autorise la révocation de l'émancipation, dans l'intérêt de la fortune du mineur qui, pourtant, ne pourrait pas très sérieusement la compromettre, et elle ne l'autoriserait pas, dans l'intérêt de sa personne, de son avenir, de son honneur? » Il pense que le législateur n'a pas pu tomber dans une aussi scandaleuse contradiction. En effet, le législateur, en considérant les engagements excessifs contractés par

l'émancipé comme une cause de révocation, n'a pas
seulement en vue la protection des biens, il a aussi
songé à la protection de la personne du mineur, et à
l'abus qu'il pourrait faire de sa liberté. La plupart
des auteurs reconnaissent d'ailleurs que l'on pourrait
retirer l'émancipation au mineur dont les engagements seraient réductibles, même quand ils n'auraient pas été réduits. Partant de cette idée, on est
facilement conduit à admettre que la réductibilité
est moins une condition que l'indice et le symptôme
d'une cause qui doit produire les mêmes effets dès
qu'elle se réalise, fût-ce même avec des conséquences
que le législateur n'a pas directement prévues. Et
M. Demolombe termine le développement de son
système par cette considération que les tribunaux
exercent, en ce qui concerne la garde et la protection
des mineurs, « une sorte de tutelle suprême et de
magistrature domestique », et puisqu'ils ont le droit
de se soustraire à la garde du père lui-même, il se
demande quel serait le danger d'une doctrine d'après
laquelle ils pourraient le soustraire à ses propres
égarements.

Mais nous n'adoptons point le système de ce savant
auteur. Et d'abord les termes de l'art. 485 ne nous
autorisent pas à croire que le législateur ait eu en
vue la mauvaise conduite du mineur. Cet article ne
parle que des engagements réduits par suite d'excès
et, si nous en étendons les dispositions au cas de réductibilité, c'est que nous avons un texte qui nous
révèle la pensée du législateur. Nous ne faisons

qu'interpréter une disposition formelle et dont les termes vagues se prêtent facilement à cette extension. Mais pour appliquer l'art. 485 au cas de mauvaise conduite, il faut imaginer un principe nouveau qui ne trouve aucun appui dans la loi écrite, ce qui n'est point permis à l'interprète.

Quant au droit qu'ont les tribunaux de contrôler l'exercice de la puissance paternelle, nous ne pensons pas que ce droit puisse être étendu au contrôle de la conduite de l'émancipé. En effet, ce droit est renfermé dans les plus étroites limites puisqu'il n'est pas écrit dans le Code. C'est avec la plus grande réserve qu'il doit être exercé puisqu'il s'agit de la famille et de la puissance paternelle. Enfin, peut-on établir une sérieuse analogie entre le père qui maltraite son enfant et le livre à la corruption, et le mineur émancipé qui se livre lui-même à la débauche? Au premier cas, c'est une règle de morale et juridique à la fois qu'il faut sanctionner sévèrement, puisque le père abusant de son droit commet une infraction doublement punissable du moment qu'il en abuse contre son fils; au second cas, c'est un droit personnel dont le mineur abuse sans doute, mais qu'il n'appartient pas au législateur de régler. Nous croyons donc que la mauvaise conduite du mineur n'est point, par elle seule, une cause de révocation de l'émancipation.

CHAPITRE II

Formes de la Révocation.

Aux termes de l'art. 485, l'émancipation sera retirée au mineur en suivant les mêmes formes que celles qui auront eu lieu pour la lui conférer.

Les termes de cet article sont amphibologiques. Pris à la lettre, ils signifieraient que ceux-là même doivent faire révoquer l'émancipation qui l'ont antérieurement conférée. Mais on voit que cet article ainsi interprété serait d'une application fort restreinte et surtout impossible, lorsque, par exemple, ceux qui ont conféré l'émancipation n'existent plus quand il s'agit de la révoquer. Nous devons donc l'entendre en ce sens que ceux-là pourront révoquer l'émancipation qui auraient actuellement le droit de la conférer, car ces personnes représentent l'autorité compétente pour l'exercice de ce droit.

La déclaration ou délibération qui révoque l'émancipation est-elle, de la part du mineur, susceptible d'un recours devant la justice? Delvincourt enseigne l'affirmative (1). Il reconnaît au mineur le droit de se

_____

(1) Delvincourt, tome I, page 125, note 10.

pourvoir, soit pour le fond, soit pour la forme, contre la délibération du conseil de famille ; toutefois il déclare que la décision émanant des père et mère est souveraine et que le mineur doit s'y conformer. Nous pensons qu'une précision est nécessaire. Si l'émancipé prétend qu'il n'est pas dans le cas prévu par l'art 485, le tribunal devra vérifier son allégation, car s'il n'y a pas eu de jugement déclarant qu'il y a excès dans les engagements, la révocation est impossible. Mais une fois cette déclaration faite, le droit des parents est absolu et souverain.

CHAPITRE III

Effets de la révocation.

C'est dans l'art. 486 que nous trouvons le principal effet de la révocation : « Dès le jour où l'émancipation aura été révoquée, le mineur rentrera en tutelle et y restera jusqu'à sa majorité accomplie. »

Nous devons faire observer tout d'abord que la rédaction de cet article est défectueuse, en ce qu'elle ne s'applique qu'au cas où le mineur était déjà en tutelle au moment où l'émancipation est survenue. Il aurait fallu dire qu'il rentrera sous la puissance paternelle ou sera mis en tutelle.

Le résultat essentiel de la révocation est donc

d'enlever au mineur le gouvernement de sa personne et l'administration de ses biens et de le replacer, par suite, dans son ancien état de dépendance. En recouvrant la puissance paternelle, le père ou la mère recouvre sur la personne et les biens de l'enfant toutes les prérogatives qui y sont attachées; ainsi, les droits de garde, de correction, d'administration légale revivent dans toute leur étendue et tels qu'ils sont énumérés dans les art. 374 et suivants. Cela ne fait aucun doute. Mais la question est plus délicate en ce qui concerne l'usufruit légal sur les biens de l'enfant âgé de moins de dix-huit ans. Le père le recouvre-t-il?

Quoique la question soit controversée, nous pensons que cet usufruit revient au père. En effet, l'émancipation éteint, nous le savons, les droits de garde, de correction, d'administration légale et d'usufruit légal. Mais l'émancipation cessant, tous ses effets doivent cesser aussi et le père recouvre intacte la puissance paternelle avec tous ses attributs. La cessation de l'usufruit légal étant un des principaux bénéfices de l'émancipation, il en résulte que, quand le mineur sera privé de cette émancipation, tous les bénéfices accessoires qui l'accompagnaient lui seront enlevés.

On peut bien objecter qu'il dépend ainsi du caprice du père ou de la mère de rentrer en possession de l'usufruit légal. Mais nous savons que la révocation de l'émancipation ne peut être prononcée par le juge de paix qu'autant que les tribunaux ont réduit ou déclaré réductibles les engagements du mineur ; or, c'est précisément en cela que consistent les garanties contre l'esprit de lucre qui pourrait inspirer la conduite du père. Donc, le père recouvre l'usufruit légal des biens de son enfant. Mais il est de toute évidence que les fruits échus depuis l'émancipation appartiennent irrévocablement à l'émancipé.

Lorsque, au moment de la révocation de l'émancipation, l'enfant n'a plus son père ou sa mère, il ne rentrera pas en tutelle, comme dit l'art. 486, il y entrera pour la première fois. Ce sont les règles ordinaires relatives à la tutelle qui devront être appliquées.

Mais quand le mineur était déjà en tutelle à l'époque de son émancipation, sous quelle tutelle rentrera-t-il par suite de la révocation ? C'est encore une question controversée qui a donné lieu à quatre systèmes différents.

Le premier est enseigné par M. Valette (1) et par Toullier (2). Il pose en principe que l'ancienne tutelle revit ; par conséquent, le tuteur et le subrogé tuteur, aux fonctions desquels l'émancipation avait mis fin, reprennent leurs anciens pouvoirs, sans distinguer s'ils les tenaient de la loi, de la volonté des père et mère, ou de la désignation du conseil de famille.

Les trois autres systèmes admettent au contraire

---

(1) Valette, Explicat. somm. page 337.
(2) Toullier, tome III, page 518.

que c'est une nouvelle tutelle qui commence et non pas l'ancienne qui revit. En effet, celle-ci a pris fin par suite de l'émancipation, le tuteur a rendu ses comptes: elle n'a pas été interrompue mais éteinte : elle a cessé complètement. Mais comment faudra-t-il déférer la nouvelle tutelle?

C'est ici que commence le désaccord.

Les uns soutiennent que la tutelle doit toujours être dative, car il y a une situation toute différente de l'état antérieur à l'émancipation, et la loi n'ayant point créé pour ce cas de tuteur légitime, on ne peut pas appliquer les règles ordinaires relatives à la délation de la tutelle.

Marcadé (1) apporte à ce système une exception en faveur du survivant des père et mère qu'il déclare investi de plein droit de la tutelle légale. Mais si tout les deux sont morts ou dans l'impossibilité d'exercer la tutelle, il n'y a pas lieu à la tutelle légitime des ascendants, l'émancipation ayant été révoquée par le conseil de famille : « En effet, dit ce savant auteur, le conseil étant alors le seul dépositaire de l'autorité sur l'enfant et se trouvant le maître d'ouvrir ou non la tutelle, en révoquant ou en maintenant l'émancipation, il n'y a pas plus lieu à la tutelle légale des ascendants que quand le même conseil a rendu la tutelle légale vacante en excusant ou en destituant le survivant des père et mère ».

_____

(1) Marcadé, tome II, art. 486.

Enfin, une dernière opinion enseignée par M. Demolombe (1) et MM. Aubry et Rau (2) veut que la tutelle soit déférée de la même manière que si elle s'ouvrait pour la première fois. Partant de cette idée, il faut dire que ce sera le survivant des père et mère qui, en cette qualité, sera tuteur légal et, à son défaut, l'ascendant du degré supérieur. C'est précisément cette dernière règle qui constitue la différence entre le système de Marcadé et celui-ci. Si les ascendants sont décédés ou ne peuvent pas prendre la tutelle, elle sera dative et conférée par le conseil de famille en la forme ordinaire. Le système de Marcadé tombe dans une grave inconséquence; car, on ne sait pas pourquoi, tout en admettant le principe d'une nouvelle tutelle, il sacrifie la vocation légale des ascendants et la fait fléchir devant cette circonstance que c'est le conseil de famille qui a retiré l'émancipation.

Dans sa dernière disposition, l'art. 486 déclare qu'une fois l'émancipation révoquée, le mineur restera en tutelle jusqu'à sa majorité accomplie. Remarquons cependant que cette dernière disposition ne s'applique qu'au cas d'émancipation expresse, car le mineur recouvrera le bénéfice de l'émancipation s'il se marie avant sa majorité, puisque l'émancipation n'a lieu que par voie de conséquence.

(1) Demolombe, tome VIII, n° 360.
(2) Aubry et Rau, tome Ier, § 135, note 10.

Nous avons ainsi terminé l'étude de la condition juridique du mineur émancipé en droit français. Après avoir passé en revue les conditions et les formes de l'émancipation, nous avons vu les différents effets qu'elle produit. Le laconisme et l'insuffisance de certains textes relatifs à cette matière ont donné lieu à de nombreuses controverses. Mais, si l'on considère combien il était difficile de concilier la multiplicité des intérêts en jeu et tout à fait opposés et de dégager un principe rationnel des nombreuses règles et des systèmes variés qui servaient de précédents à la matière, on verra que la méthode suivie est encore la meilleure et que les lacunes du Code ne portent que sur des points de détail et des questions spéciales.

Les rédacteurs du Code ont compris que les précautions et les garanties sont nécessaires au mineur pour tout ce qui concerne les intérêts de la vie civile, sanctionnant ainsi les considérations si justes qui avaient dicté au législateur romain les règles concernant le mineur : « *multis captionibus suppositum, et multorum insidiis expositum.* »

Grâce à l'émancipation, le mineur est associé au gouvernement de son patrimoine. L'inexpérience et les entraînements de la jeunesse auront moins de dangers pour lui, à l'époque de sa majorité. Cette situation intermédiaire lui aura appris à contracter de bonne heure, sous la direction paternelle et dans une certaine mesure, les habitudes d'ordre et de bonne conduite. Il aura appris à envisager froidement les difficultés et les écueils qui l'attendent à son début. C'est un véritable noviciat qui le prépare à la pratique des affaires et devient, pour lui, une sauvegarde pour l'avenir.

POSITIONS

DROIT ROMAIN

I. — *L'infantia* s'étendait, à l'époque classique, jusqu'à l'âge de sept ans, et non pas jusqu'au moment où l'enfant pouvait prononcer des mots dont il ne comprenait point le sens.

II. — Les codébiteurs solidaires sont responsables du fait, mais non de la demeure de leur codébiteur.

III. — Le prodigue interdit peut s'obliger naturellement.

IV. — A Rome, la compensation était toujours judiciaire.

DROIT FÉODAL ET COUTUMIER

I. — La puissance maritale du droit coutumier a
son origine dans le *mundium*.

II. — Les établissements de saint Louis ne sont
pas une œuvre législative de ce roi.

III. — La communauté entre époux tire son origine
du droit germanique.

CODE CIVIL

I. — L'officier de l'état civil français ne peut pas
se refuser à procéder à la célébration du mariage d'un étranger légalement divorcé dans
son pays.

II. — La jouissance légale de la réserve de l'enfant mineur ne peut pas être enlevée au conjoint survivant par le conjoint prédécédé,
d'après une clause insérée à cet effet dans le
testament.

III. — Le prodigue peut faire par contrat de mariage des institutions contractuelles.

IV. — On ne peut pas restreindre par une convention spéciale la capacité de la femme mariée.

V. — L'héritier renonçant ne fait pas nombre pour le calcul de la réserve.

VI. — L'immeuble donné à deux époux conjointement ne tombe pas en communauté.

PROCÉDURE CIVILE

I. — La saisie arrêt est un acte conservatoire jusqu'au jugement en validité; elle opère une indisponibilité totale de la créance.

II. — Le ministère public ne peut agir comme partie principale et d'office en matière civile que dans les cas prévus par un texte formel.

III. — Le jugement émané d'un tribunal étranger a, en France, l'autorité de la chose jugée.

IV. — L'assignation à comparaître avec la seule mention *dans le délai de la loi* est valable.

V. — L'opposition n'anéantit pas les jugements de défaut.

DROIT CRIMINEL

I. — Le duel est légalement punissable.

II. — La bigamie n'est pas un délit successif.

III. — La qualité personnelle qui aggrave la situation de l'auteur principal ne peut aggraver celle du complice.

IV. — Le principe de non cumul des peines n'est pas applicable aux contraventions.

DROIT ADMINISTRATIF

I. — Il n'est pas rationnel d'admettre que le député reçoive un mandat impératif.

II. — Le pouvoir judiciaire est un pouvoir distinct et séparé du pouvoir exécutif.

DROIT COMMERCIAL

I. — L'autorisation de faire le commerce ne peut être retirée isolément au mineur émancipé.

II. — Tout engagement pris par le mineur commerçant n'est pas présumé pris dans l'intérêt de son négoce.

III. — A défaut de consentement du mari, la justice ne peut autoriser la femme à faire le commerce.

DROIT DES GENS

I. — Le blocus, pour être obligatoire, doit être effectif.

II. — La guerre est un mal nécessaire.

III. — L'extradition n'est jamais obligatoire en l'absence d'un traité.

IV. — Les juridictions d'un pays envahi doivent continuer à rendre la justice au nom de leur Etat.

ÉCONOMIE POLITIQUE

I. — L'impôt doit être proportionnel et multiple, et non progressif et unique.

II. — L'impôt sur le revenu est juste, mais inapplicable en pratique.

Vu par le Président de la Thèse,

GINOULHIAC.

VU PAR LE DOYEN,

Henry **BONFILS.**

Vu et permis d'imprimer :
Le Recteur de l'Académie,

C. CHAPPUIS.

———

Cette thèse sera soutenue, en séance publique, dans une des salles de la Faculté de droit de Toulouse.

———

« Les visas exigés par les règlements sont une garantie des principes et
» des opinions relatifs à la religion, à l'ordre public et aux bonnes mœurs
» (Statut du 9 avril 1825, article 41), mais non des opinions purement
» juridiques, dont la responsabilité est laissée aux candidats.
 » Le candidat répondra, en outre, aux questions qui lui seront faites
» sur les autres matières de l'enseignement. »

TABLE DES MATIÈRES

De Minoribus XXV annis.

TROISIÈME PARTIE

DROIT IMPÉRIAL

DROIT FRANÇAIS

Du Mineur émancipé.

DROIT CIVIL

PREMIÈRE PARTIE

QUATRIÈME PARTIE

Toulouse, imprimerie CREYSSAC et TARDIEU, rue du May, 1

www.ingramcontent.com/pod-product-compliance
Lightning Source LLC
Chambersburg PA
CBHW070506200326
41519CB00013B/2733